커피
오리진

커피에 의지해 살아간 역사

커피
오리진

비오 지음

REFERENCE by B

차례

3장. 커피종의 기원

프롤로그

퇴근하면 쪼르르 달려가던 카페가 있었다. 대단한 사람이라도
된 것처럼 널찍한 바에 앉아 노트북을 켜고는 핸드 드립
커피를 홀짝이며 시간을 보냈다. 단골손님이 되고 나서는
바리스타들과 친해져 귀하다는 커피를 얻어 마시곤 했다.
주문해 마시는 커피보다 날 위해 준비해 두었다는 커피가
어찌나 맛나던지. 그곳은 나의 휴식처요 천국이었다.

　어느 날 내 옆자리에 그 회사의 대표가 앉았고 대화를
나눴다. 브랜드에 대한 대화로 공감을 나눈 대표는 내게 함께
일하자 권했다. 그 후 그 카페이자 커피 회사에서 브랜드
매니저로 일하게 되었다. 휴식처가 일터가 된 셈이다. 브랜드
매니저가 되어 커피를 바라보니 커피 한 잔에 감추어진
세상은 그야말로 무궁무진한 이야기들을 품고 있었다. 커피에
대한 책을 산더미처럼 쌓아 놓고 읽고, 카페 내에서 원두를

소개하는 콘텐츠를 직접 만들어 가며 이른바 커피로 이루어진 소우주를 경험했다.

　씨앗부터 수확, 수확된 커피의 교역, 로스팅한 원두로 추출해 손님에게 내어지는 커피 한 잔까지의 과정에는 수많은 사람들의 노고와 땀이 깃들어 있다. 산지에 따라 원두의 풍미가 다르지만, 커피는 사람이 쏟는 정성에 따라서도 맛이 확연히 달라진다. 사람들은 어떻게 이 모든 것을 알아냈을까? 커피나무의 열매 안에 숨겨진 씨앗을 찾아내 씨앗을 말리고 구우면 매력적인 향취를 갖게 된다는 것을 어떤 과정으로 알아냈고, 원두를 갈고 추출하는 도구는 어떤 생각과 방법으로 만들게 되었을까? 의문을 풀기 위해 커피 역사서를 읽었고, 이때 시작한 커피 공부는 커피 회사를 퇴직하고 카페를 창업할 때까지 이어졌다. 이 책은 나의 개인적인 궁금증과 호기심에 대한 답을 찾는 과정에서 만들어졌다.

　책 속에는 오랫동안 사랑받은 커피 음료가 처음 만들어질 때 담긴 생각과 배려, 카페라는 공간에서 이루어진 대화와 관계가 빚어낸 문명, 새로운 대륙에서의 커피 생산을 위해 노고를 아끼지 않았던 사람들의 이야기가 펼쳐져 있고, 궁금증과 호기심의 끝은 커피에 관한 기원을 향하고 있다. 글을 쓰면서 느낀 점은 커피의 기원이 그것을 잉태한 자연에만 있지 않고 커피와 함께 살아간 사람의 삶과도 밀접한 관계가 있다는 사실이다.

　알고 나면 많은 것이 보이듯 커피도 알고 나면 다양한 맛을 느낄 수 있다. 이 책을 가장 맛있게 보는 방법은 커피 한 잔을 마시며 책을 읽고, 책을 읽는 기간 동안 다양한 커피 음료를 맛보고, 다 읽고 나서 축하의 의미로 가장 좋아하는 커피 한 잔을 여유롭게 마시는 것이다. 책을 읽기 전과 읽은 후, 커피에 대한 입맛이 달라져 있을 것이다.

1

레시피 오리진
Recipe Origin

레시피recipe라는 용어는 19세기 프랑스에서 '처방전'을 의미했다. 어떻게
이 말이 오늘날 '요리법'이란 뜻으로 사용되고 있을까? 프랑스에서
식당을 뜻하는 '레스토랑'은 '체력을 회복시킨다'는 의미의 동사
레스토레restaurer를 어원으로 한다. 짐작하건대 약과 요리 모두 사람들의
건강을 회복시킨다는 목적은 같으니, 약을 만들든 요리를 만들든 그
제조법에 같은 명칭을 붙이지 않았을까 하는 나름의 해석을 해본다.

일반적으로 커피 레시피는 커피의 요리법을 의미하지만, 이 책에서는
조금 다른 의미를 지닌다. 커피로 만든 음료 중에서 에스프레소는 머신의
발명이 곧 레시피가 된다. 아인슈페너는 마부를 위한 배려에서 탄생했다.
이처럼 재료를 다듬고 배합하고 계측하여 요리법을 만들기 전부터 커피
레시피에는 사람과 사람, 사람과 커피가 씨실과 날실처럼 촘촘하게
얽혀 있다. 인간이 그려 내는 무늬를 인문人文이라 한다면, 커피 레시피는
인간과 커피가 함께 그려 내는 무늬라 할 수 있다.

2단계
녹인 버터에 소금으로 간을 한 뒤
볶은 생두에 붓고 골고루 섞는다.

1단계
말린 커피 생두를
낮은 불에 천천히 볶는다.

레시피 출처 http://ethiopiafood.org

커피와 버터의 만남

·

부나 켈라

1974년 에티오피아의 작은 마을 하다르Hadar에서 유골 하나가 발견된다. 유독 작은 체구를 가진 유골의 모든 조각이 제자리를 찾았을 때 학자들은 흥분했다. 유골의 주인이 320만 년 전 최초로 직립 보행을 한 여성이라는 것이 밝혀졌기 때문이다. 학명은 '오스트랄로피테쿠스 아파렌시스Australopithecus Afarensis'로 현생 인류Homo의 공통 조상으로 여겨지는 그녀의 이름은 '루시Lucy'로 명명된다. 루시의 발견으로 아프리카는 인류가 뻗어 나가기 시작한 시원始原의 땅으로 기록된다.

    우연인지 필연인지 전 인류의 사랑을 받고 있는 커피의 원종 중 하나인 아라비카Arabica가 퍼져 나가기 시작한 곳도 에티오피아로 추정된다. 인류의 조상 '루시'와 '커피'는 같은 하늘 아래에서 전 세계로 뻗어 나간 것이다. 하지만 에티오피아에서 처음 먹기 시작했을 때의 커피는 현재 우리가 마시는 커피와 매우 달랐다.

　1500–3000년 전 에티오피아에서 최초로 커피라는 식물을 이용했던 사람들은 오로모Oromo 부족으로 추정된다. 그들은 커피를 잘게 부셔 가루를 낸 다음 기름과 함께 동글동글 뭉쳐 골프공만 한 크기로 만들어 먹었다고 전해진다. 커피로 만든 이 음식은 전투를 할 때나 신속히 움직여야 할 때 기분을

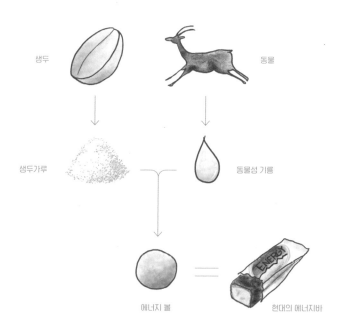

모로모족의 에너지 볼

들뜨게 하여 잔인하고 맹렬한 행동을 이끌어 내는 탁월한 효과가 있었다. 생두에 다량으로 함유되어 있는 단백질이 동물성 지방과 만나 오늘날의 에너지 바와 같은 역할을 한 것이다. 게다가 카페인까지 들어 있으니 효력이 대단했을 것이다. 기분이 좋아져 용기백배한 그들이 전승을 다짐하며 이글거리는 눈으로 적진을 쏘아보는 모습이 보이는 듯하다.

오로모 부족은 천적인 봉가Bonga족과 전투를 벌이기 전에 그 음식을 꺼내어 깨물어 먹었다. 하지만 커피의 효능이 전세를 뒤집지는 못했던 것 같다. 봉가족은 전투가 끝나고 포로로 잡힌 오로모족 병사들을 하라르Harar에서 열리는 노예 시장에 팔았는데, 그 수가 엄청났다고 하니 봉가족의 승리로 끝나는 경우가 많았던 듯하다. 노예로 팔려 간 오로모족 병사들은 하라르에 커피 씨앗을 떨어트렸고, 그 씨앗이 1885미터 고도의 환경에 맞게 자라나, 하라르는 알맹이가 실한 고품질 커피의 산지가 되었다.

18세기 스코틀랜드의 탐험가 제임스 브루스는 500–850년 갈라Galla라는 부족이 이 음식을 먹었다고 기록했다. '갈라'라는 단어는 에티오피아의 암하라 부족이 오로모족을 지칭할 때 사용했던 '야만인'이란 뜻의 호칭이니, 오로모족이 이 음식을 애용했다는 것이 기록으로 증명된 셈이다.

현재 에티오피아에 남아 있는 부나 켈라Bunna Qela라는 음식은 오로모족이 먹던 에너지 볼의 레시피와는 다르지만 쓰이는 재료는 같다. 약 450그램의 말린 커피 생두를 양념된 버터 두 컵과 섞은 후, 소금으로 간을 하고 골고루 섞으며 낮은 불로 볶으면 부나 켈라가 완성된다. 조리하는 방법과 먹는 방법은 다르지만 두 음식 모두 힘을 주고 기분을 들뜨게 만드는 음식일 것이다.

아프리카 북동쪽의 어떤 부족은 생두를 빻은 가루와 옥수수 가루를 넣어 죽을 끓여 먹기도 했고, 커피 열매와 잎을 발효시켜 만든 과실주를 마셨다는 설도 있다. 문헌에 기록되거나 추정되고 있는 커피 음식은 지금과는 사뭇 다른 모습이지만 모두 자의든 타의든 카페인을 음용했다.

옥수수 가루

커피 생두 가루

커피 죽

물

커피나무 잎과 열매

커피 과실주

커피 열매에 함유돼 있는 카페인은 열매가 땅에 떨어지면 성분이 주변 땅으로 흘러들어 주위에 다른 식물이 자라는 것을 억제하거나, 커피나무 이파리에 해로운 벌레가 꼬이는 것을 막는 데 이용된다. 커피나무가 자신을 보호하기 위해 만든 카페인 성분이 사람에게는 피로를 경감시켜 주고 집중력을 상승시켜 주는 것이다. 과거 인류가 이런 힘을 언제 어떻게 발견했는지는 기록되어 있지 않다. 어쨌거나 커피가 열린 최초의 땅에서 커피는 인간 삶의 방식에 따라 지금과는 완전히 다른 방식으로 토착화되었고, 인간의 이동에 따라 세계 각지로 전파되었다.

음용되는 방식은 달랐지만 커피와 함께하는 삶은 예나 지금이나 크게 다르지 않다. 점심 식사 후 사무실 책상에 앉아 졸음과 전쟁을 벌일 때 커피를 마시기도 하고, 어떤 일을 시작하기에 앞서 마시는 커피 한 잔이 심기일전의 신호가 되기도 한다. "커피 한잔합시다!"라는 말은 우리 함께 잘해 보자란 의미가 되기도 하고, 이제부터 집중해서 무언가를 열심히 해보자는 의미가 되기도 한다. 실제 전쟁은 없지만 현대인은 무언가를 쟁취하기 위해 늘 전투에 나선다. 함께 싸우기도 하고 홀로 싸우기도 한다. 그리고 그 자리에는 커피가 빠지지 않는다. 현대인의 일상에서 먼 옛날 오로모 부족의 모습을 발견한다.

커피 잎

커피 체리

물

판타지 속 커피차
·
아비시니아 차

"맛있는 커피를 마시면 기분이 좋아지고 맛있는 차를 마시면 기분이 침착해집니다."

내가 운영하는 카페를 찾아오는 손님에게 커피를 대접할 때 건네는 말이다. 약 5000년 전부터 시작한 차 문화는 현재까지 이어져 은은한 매력을 발산하고 있다. 커피 역시 문헌에 기록되기 이전에는 차의 형태로 존재했고, 커피 잎을 끓인 것이 커피 음료의 시작이라고 보는 견해가 있다.

'아비시니아 차'로 알려진 차가 커피를 음료수로 음용한 최초의 사례로 추정된다. 전해지는 이야기에 따르면 6–7세기 에티오피아의 칼디Kaldi라는 목동이 이상한 열매를 먹은 후 춤을 추는 염소를 보고 스키아들리라는 수도승에게 이 사실을 전했다. 열매의 효능을 알게 된 후 수도승들이 제의 때 즐겨 마시는 음료가 되어 널리 퍼졌다는 이야기가 커피 발견의 가장 유력한 설이다.

어쩌면 신화와 판타지가 어느 정도 섞인 이 이야기에 등장하는 음료가 아비시니아 차인지도 모른다. 왜냐하면 아비시니아 차라 명명한 사람과 칼디의 이야기를 전해 들은 수도승이 동일 인물로 추정되기 때문이다. 설에 의하면 아비시니아 차란 이름은 커피를 아끼고 사랑했던 철학자이자 의사이며 이슬람 신비주의 수피교도였던 알 샤드힐리Al-Shadhili에 의해 명명됐다. 그의 이름을 이탈리아 말로 번역하면 '스키아들리'가 되므로 둘은 동일인이라는 것이 학자들의 주장이다.

8세기 말 메소포타미아 지방 바빌론 근처 '쿠파'라는 마을에서 양털 망토를 몸에 두르고 이슬람의 종교적 고행을 수행하는 이들이 나타났는데 이들을 일컬어 수피sufi(이슬람 신비주의자)라 불렀다. 수피였던 알 샤드힐리는 12세기 말에 태어나 튀니지, 알제리, 이집트, 메카 등 넓은 지역을 아우르는 종교 활동을 했다. 13세기에 집중된 그의 활동에 가장 특이한 점은 수행 방법으로 커피 잎과 줄기를 달여 마셨다는 점이다. 1258년 그의 사후에 그를 추종하는 제자들에 의해 아프리카에서 인도까지 이르는 거대한 알 샤드힐리 교단이 만들어져 생전 그의 수행 방법을 따랐기에 이들에 의해 커피가 퍼져 나갔다 한다. 유명한 수피의 시인 사라는 이렇게 말했다.

"주의하라. 눈뜨고 있으라. 삶이 허무하게 지나가 버리지 않도록……."

잠들지 않는 고행을 수행해야 했기 때문에 커피가

필요했던 것이다. 또한 수피들은 식사를 하는 시간은 의미 없는 시간이라 여기는 금욕주의자였는데, 커피는 식욕을 없애는 특성도 가지고 있다. 커피의 효능은 이름에도 살짝 숨어 있다. 아프리카의 '부누Bunnu'가 이슬람으로 와서 '카와Qahwa'가 되고 이 단어가 어원이 되어 지금의 커피라는 이름이 되기까지 많은 우여곡절이 있었겠지만, 아랍에서 '카와'라는 말로 불리게 된 것은 특이할 만한 일이다. 아랍어 Qahwa의 어근은 Q, H, W 3개의 자음인데, 그 의미는 "무언가 욕망을 없애다, 적게 하다, 조심하다.'라는 뜻으로, 식욕을 없애는 포도주를 뜻하기도 했고, 예멘 사람들이 입에 넣고 우물거리며 씹어 약간의 환각 작용을 내는 카트 잎을 뜻하기도 했으며, 커피를 뜻하는 말이기도 했다. 다만 이슬람에서 와인이 금기가 되고 커피가 주류를 이루며, 이런 역할을 하는 유일한 것이 커피가 되면서 터키에선 카흐베Kahve, 유럽으로 건너가 카페Caffe가 되고 영어권 국가를 중심으로 커피coffee라 불리게 되었다.

그 외에도 커피를 마시면 살이 빠지고 흥분하는 등의 효능 때문에 수피들은 커피를 대단히 성스러운 음료로 여겼다. 그래서 커피를 대접한 손님에겐 충성을 다하고 반나절 동안의 절대 안전을 보장했다. 적대 관계인 사람에게 커피를 준다는 것은 동맹의 시작을 의미하기도 했다. 고대부터 소금과 빵은 신전에 재물로 사용되고, 소중한 손님에게 접대하는 귀하고 신성한 음식이었다. 오랫동안 굳어진 소금과 빵과 함께 갑자기 등장한 커피는 나란히 신성한 음료가 된다.

수피의 수도승들이 아라비아반도를 돌며 종교 의식을

커피(아비시니아 차)　　　와인　　　카트Khat 잎

카와라고 불렸던 음식들

좌측 두 개는 수피의 심볼, 우측은 수피의 심볼을 차용한 것으로 보이는 커피 브랜드 인텔리젠시아 커피 로고

커피 오리진

행할 때 그들의 거처는 커피 향을 풍겼고, 그들을 따라 커피가 퍼진 것은 어쩌면 필연적 운명이었을 것이다. 수피교도와 커피는 떼려야 뗄 수 없는 관계가 되어 예멘의 수피교도는 커피라는 상품을 탄생시켰고, 터키의 수피교도는 커피를 북아프리카와 중동에 퍼뜨리게 된다.

알제리에선 알 샤드힐리를 자국어의 발음대로 만든 '샤딜리에'를 커피라 하니, 그와 수피교가 커피와 얼마나 밀접한지 보여 주는 방증 아니겠는가.

알 샤드힐리의 전해 오는 이야기 중 포르투갈 선원들과 얽힌 재미있는 일화가 있다. 오랜 여행으로 병들고 지친 포르투갈 선원들이 예멘의 모카 항구에 들렀을 때 그들에게 알 샤드힐리가 여러 해 동안 신비한 약을 주어 이것을 먹고 며칠 만에 모두 몸이 회복되어 다시 여행을 시작했다고 한다. 그들은 자신을 구해 준 그 신비한 명약을 유럽에 알렸고, 모카 항구와 그 신비한 명약, 즉 커피의 이야기가 유럽으로 알려졌다는 일화이다. 선원들이 포르투갈에 도착해서 신기한 약물에 대한 이야기를 퍼트렸고, 위험한 순간이 일상인 선원들에게 한 선지자가 권한 이 음료가 신비하게 느껴진 것은 당연한 일이리라.

커피 학자들은 알 샤드힐리가 선원에게 준 신비한 이 명약을 아비시니아 차라 말하기도 하지만 확실한 기록은 없다. 다만 어린잎과 열매가 카페인 함량이 많기 때문에 둘을 함께 넣고 끓였다면 효능이 강했을 것이다. 그럼에도 불구하고 차를 끓이는 방식대로 잎만 사용했을 가능성도 충분하다. 특히 찻잎의 경우도 어린잎을 사용할수록 좋은 차

알 샤드힐리의 신비의 명약 아비시니아 차(상상 그림)

맛을 냈으니 어린잎을 골라 넣고 끓여 음용했을 가능성도
있다. 어찌 되었건 이 차는 피로를 풀어 주는 카페인의 효능과
각성의 효과로 지친 몸을 달래 주고, 이국에서 느낀 분위기와
찻잔에 담긴 약의 묘한 조화가 플라시보 효과placebo effect를
줬을 것이다. 플라시보는 라틴어로 '내가 기쁨을 줄 것이다'란
의미를 가지고 있다고 하니 약효가 없이도 선지자의 극진한
보살핌에 선원들은 기쁨을 얻지 않았을까.

　　지친 하루의 끝에 플라시보가 필요한 사람들도 있다.
흔히 일과라고 부르는 그 시간 동안 일상은 분주하고, 온전한
하루는 고단함과 노고를 빚어낸다. 시계의 바늘이 퇴근 시간에
맞춰져도 쉽사리 자리를 뜨지 못하는 것이 인지상정이 되어
버린 세상이다. 옭아매던 퇴근 시곗바늘과 마음속 매듭이
풀어지면 홀가분한 자유가 우리를 일으켜 세우고 위안을 주는
곳으로 바쁘게 향한다. 어떤 이는 가정으로 돌아가 식구와
함께하고 어떤 이는 위안이 되는 카페나 찻집을 찾을 것이
분명하다. 또 다른 곳을 찾기도 할 것이다.

　　자, 이제 그들에게 플라시보가 필요한 순간이다. 잠깐
동안이나마 기쁨이 되고 위안이 될 그 무엇이 필요하다.
커피나무가 있다면 아비시니아 차를 직접 끓여 먹을 수도
있겠지만, 우리에겐 없으니 대신에 누군가와 함께 혹은 홀로
맛있는 커피로 기분 전환을 하기도 하고 그윽한 차의 향으로
안정을 되찾는 수밖에. 첫 모금부터 머리끝까지 차올랐던
긴장감과 독소가 밑으로 가라앉는 느낌을 주니 그 순간이
플라시보 그 자체가 아닌가 싶다.

대기압 9배 압력

90~92도 가열수

0.3mm 마이크로 분쇄

포타필터 →

데미타세 →

크레마

추출액

물과 압력과 커피의 농밀한 향연

·

에스프레소

처음 맛보는 사람은 혀끝만 닿아도 파르르 떨 정도로 강렬한 맛을 가진 에스프레소는 미세하게 분쇄된 원두에 증기압을 이용해 짧은 시간 동안 뽑아낸 커피 원두의 진액津液이다. 아릴 정도로 강렬한 맛의 에스프레소 레시피는 에스프레소 머신이 만들어지는 과정에 그 기원이 있다.

　1830년 유럽 대륙을 틀어쥐고 있던 나폴레옹의 대륙 봉쇄가 끝이 나고 수출입이 재개되면서 유럽은 커피 붐이 일어나기 시작했다. 사람들은 대륙 봉쇄 10여 년간 커피에 대한 향수마저 느끼고 있었고 얼마나 간절했으면 커피가 아닌 대용 커피로 허전함을 달랬다. 커피 수입의 재개는 유럽인에게 있어 커피 가뭄에 단비였다. 하지만 이즈음 유럽의 카페들은 몸살을 앓고 있었다. 밀려드는 커피 주문을 감당할 수 없을 정도로 커피 추출 시간이 느렸기 때문이다.

이탈리아 사람들에게 카페는 '상하 계급에 상관없이 커피 한 잔 값이면 하루 종일이라도 지낼 수 있었던 평등한 공간'이었기에 항상 사람들이 북적였다.

'모든 이에게 평등하려면 가장 중요한 건 추출 시간이다.'

이탈리아 토리노에선 이 광경을 유심히 지켜보는 이가 있었다. 안젤로 모리온도Angelo Moriondo는 커피의 추출 속도를 높여야 카페 운영을 효율적으로 할 수 있고 커피를 받아드는 이들도 즐길 수 있을 거란 생각을 하게 된다. 오랫동안 연구를 거쳐 그가 활용한 것은 증기에 의한 커피 추출이다. 1884년 '커피 음료의 경제적이고 즉각적인 제조를 위한 새로운 증기 기계와 방법'이란 특허를 내고 세계 최초로 증기를 이용한 커피 추출 기계를 만들었다.

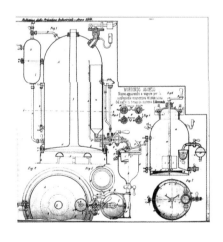

안젤로 모리온도의 특허중 '커피 음료의 경제적이고 즉각적인 제조를 위한 새로운 증기 기계와 방법'

모리온도의 머신은 현재 남아 있지 않다. 추출 시간을 단축시키지 못한 데다가 보일러 열수의 온도가 높아 쓴맛의 커피가 추출되었기 때문에 성공하지 못했다. 하지만 이 기계가 최초의 에스프레소 머신이라 인정받는 이유는 1901년 밀라노의 루이지 베제라Luigi Bezzerra가 모리온도의 원리를 활용했기 때문이다. 베제라는 증기에 압력을 더해 '증기가압식 에스프레소 머신'을 개발했다.

베제라는 모든 카페의 직원들이 커피를 추출하는 동안 유휴 시간이 길어 카페 운영이 효율적이지 않다고 생각했다. 어떻게 하면 추출 시간을 짧게 하고 유휴 시간을 줄일 수 있을까 고민하다 증기에 압력을 더하면 추출 시간을 단축시킬 수 있으리라 생각했다. 예상은 적중했고 커피의 추출 시간은 20–30초로 단축되었다. 뿐만 아니라 가열수에 압력을 가해 쥐어짜듯 커피 성분을 단시간에 추출하면서 더 좋은 맛과 향을 얻게 되었다. 최초로 에스프레소 머신의 원형이 만들어진 것이다. 하지만 이 기계 또한 커피를 더욱 쓰게 만든다는 단점을 개선하지 못한 채 1906년 데시데로 파보니Desiderio Pavoni에게 특허권을 양도하게 된다. 파보니는 1906년 밀라노 박람회에서 베제라 머신을 소개하면서 'Café espresso'라 적어 놓아 이 기계로 추출한 커피가 에스프레소라 불리게 되었다. 에스프레소란 이름은 이때부터 고유 명사가 된다.

파보니는 이후에도 베제라의 머신을 개선해 1.5기압을 2기압까지 올렸지만 여전히 쓴맛을 내는 성분이 맛을 지배했다. 2기압이 더 이상 넘을 수 없는 마의 장벽이 된 채 유럽에는 제2차 세계대전의 화마가 불어닥쳤다.

2차 대전이 끝난 후 유럽 각국은 기술자가 늘고 기계 역학이 상당한 발전을 이룬다. 전쟁에 쓰인 무기를 만들던 경험이 기술의 발전으로 이어진 것이다.

베제라 증기가압식 머신 포스터

1948년 밀라노의 아킬레 가찌아Achille Gaggia는 2기압을 훌쩍 뛰어넘어 9–10기압까지 낼 수 있는 '피스톤 레버 방식 에스프레소 머신'을 만든다. 압력을 높이기 위해 보일러의 크기를 줄였고 용수철 피스톤 레버에 가해지는 힘은 지렛대 원리를 활용했다.

추출 시작과 함께 높은 압력의 가열수가 분쇄된 커피 원두를 빠르고 고르게 투과하면서 오일 성분과 함께 가용성 성분을 품은 에스프레소가 만들어진다. 추출된 에스프레소는 거부감이 드는 쓴맛은 사라지고 강렬하지만 고소한 맛을 낸다. 거기에 예상치 못한 커피의 거품이 만들어져 추출된 에스프레소 위에 더해진다. 가찌아는 이를 커피의 크림 성분이라 표현했고 사람들은 이때부터 커피의 거품을 '크레마'라 불렀다. 크레마는 추출된 커피의 향미를 지켜 주며 원재료의 신선도와 함께 성공적인 추출을 보여 주는 것이기에 품질 좋은 에스프레소의 상징이 되었다.

이때부터 에스프레소 머신은 9기압이란 압력의 기준점이 생겼고 크기를 줄인 보일러 덕분에 추출되는 커피의 양이 30ml 정도가 되었다. 또한 커피 잔도 작아져 반 잔이란 의미의 데미타세Demitasse라는 에스프레소만의 전용 잔이 생기게 된다.

제대로 된 에스프레소를 즐기려면 에스프레소 머신이 있어야 한다. 에스프레소는 보일러에 의해 만들어진 가열수가 9기압의 압력으로 미세하게 분쇄된 원두 사이를 골고루 침투해, 맛있는 성분은 순수 추출액에 담겨 가볍고 깔끔한 맛을 내고 잡미나 쓰고 떫은맛은 거품으로 모여 산소와 어우러지며 혀의 감촉을 부드럽게 만들어 준다.

가찌아 피스톤 레버 방식 에스프레소 머신

에스프레소 레시피를 한마디로 설명한다면 가열수와 압력이 커피와 어우러져 만들어 내는 농밀한 향연이라 할 수 있다. 커피의 진액 에스프레소는 다양한 맛을 쓴맛에 숨기고 풍부한 향을 진하게 내뿜으며 물이나 우유와 함께 또 다른 음료를 만드는 레시피에 핵심 재료가 된다.

이탈리아 카페 타짜도르Cafe Tazza d'oro의 아침 7시 풍경은 보는 것만으로도 분주하다. 한쪽에 놓인 계산대에 정장을 입고 서류 가방을 든 사람들이 줄을 서 있다가 자기 차례가 되면 계산을 하고 영수증을 받아 기다리고 있다. 바에서 번호를 불러 영수증을 확인하고 데미타세에 담긴 에스프레소 한 잔을 주면 그 자리에서 바로 호로록 마시고 빈 데미타세를 놓고는 홀연히 사라진다. 마치 열차 없는 급행열차 플랫폼처럼.

메스프레소 2샷   90도 물 280ml

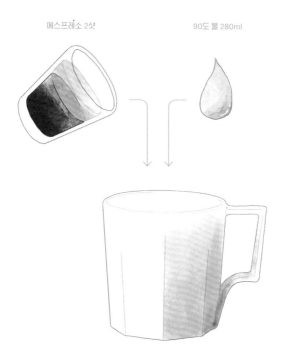

차를 닮은 커피 음료

·

아메리카노

보석과 향신료를 찾아 스페인의 팔로스Palos항을 떠나 동쪽
방향으로 향하던 콜럼버스(Christopher Columbus)는 33일이
지난 1492년 10월 12일 지도에는 없는 육지 하나를 발견한다.
콜럼버스는 이곳을 인도(India)라고 생각했다. 콜럼버스의
착각으로 인해 이 섬(산살바도르섬 San Salvador island,
구세주의 섬)과 그 지역은 서인도 제도(Indias Occidentales)라
불리게 되었고 그곳에 사는 사람들은 인디언Indian이라 불리게
되었다.

    콜럼버스나 그의 항해를 후원한 스페인에게 북미 대륙은
미개인이 사는 쓸모없는 곳으로 여겨졌다. 그래서 100여 년
이상 어느 국가의 소유도 아닌 상태로 남아 있게 된다.

    17세기 유럽의 강국들은 새로운 기회를 위해 식민지를
찾아 바다로 향했고 누군가 발견하지 않은 육지라면 세례를

주며 이름을 짓고 정착민을 이주시켜 자국 영토로 만들기 바빴다. 이 시기 무주공산으로 남아 있던 북미 대륙에도 유럽인들이 하나둘씩 모여들었다. 영국, 프랑스, 스페인, 네덜란드 선단이 대서양에 접한 연안 지역에 상륙해 식민지화를 시작한 것이다.

그중 영국의 식민 정책은 국가 주도가 아닌 민간인 차원에서 이루어졌다. 왕실은 민간 차원의 식민 정책을 은근히 반기고 있었다. 1559년 로마 교회에서 영국 성공회(Anglicanism)가 분리되고 영국의 청교도(Puritan)와 대립이 심화되면서 혼란이 가중되고 있었기 때문에 종교 단체들은 종교적 독립을 위해 민간 선단에 합류했다.

1492년 10월 12일 콜럼버스의 신대륙 도착(그림: 존 벤덜린John Vanderlyn)

종교적으로 시끄러운 문제가 이민으로 해결되고 민간인들이 식민지 개척을 하면 경제적으로도 이득이니 일석이조인 정책을 왕실이 마다할 이유가 없었다.

영국 민간 선단은 합자 형태로 신대륙 개발에 투자를 했고 북미 대륙 개척의 시작은 1607년 4월 버지니아 회사(the Virginia Company)가 현재 미국 버지니아주에 위치한 곳에 거류지를 세우고 제임스타운Jamestown을 만들기 시작하면서부터다.

정말 척박한 곳이었다. 험한 날씨와 정글 습지에다 식수는 부족했다. 거류지 주변은 임시 거처를 만드는 것조차 어려웠다. 1607년 4월에 도착해 여름이 지나갈 때까지 임시 거처를 그대로 사용할 수밖에 없었다. 더구나 그들이 가지고 온 식량조차 다 떨어져 가고 있었다.

버지니아 회사의 일원이 되어 제임스타운의 지휘를 맡은 존 스미스John Smith에겐 현재의 어려움보다 앞날이 더 걱정이었다. 이곳 황무지를 빨리 개간하여 이주해 온 정착민들이 일을 하고 생산을 해야 이곳을 삶의 터전으로 생각할 것이고 그래야 더 많은 사람들이 본국에서 이곳으로 이주해 올 것이기 때문이다.

그는 주변 일대를 그릴 지도 꾸러미를 들고 13살 먹은 어린 몸종을 데리고 함께 밖으로 나갔다. 그가 가지고 간 꾸러미엔 커피도 함께 들어 있었다. 존 스미스가 커피를 알게 된 것은 오스만 튀르크에 가서 기사로 활동할 때였다. 그 후로 그는 커피를 애용하게 되었고 어딜 가든 커피를 가지고 다녔다. 아마도 그는 현재의 버지니아 일대를 다니며 만든 북미 대륙 최초의 지도를 그리며 커피라는 벗과 함께했을 것이다.

　그가 가져온 커피가 북미 전체에 커피가 퍼지게 된 시작인지에 관한 공식 기록은 없지만, 그의 일기에 따르면 그의 커피가 북미 대륙에 들어온 최초의 커피다.

　1620년 11월 21일 영국 청교도 102명을 태운 메이플라워Mayflower호가 영국을 출발한 지 66일 만에 프로빈스 타운 항구에 닻을 내렸다. 북미 대륙의 정체성을 이끌어 줄 메이플라워 이민선단을 시작으로 영국인은 대서양 연안에 13개 식민 지역을 건설한다.

　뉴잉글랜드에는 청교도가 집결했고 펜실베이니아에는 퀘이커 교도, 메릴랜드에는 가톨릭교도가 모이는 등 영국 성공회의 압박에서 자유로워지고자 이주한 사람들이

존 스미스와 그가 그린 지도

식민주민이었다. 자유에 대한 의지로 척박한 황무지를
개척했고 아무것도 없던 북미 대륙은 발전에 발전을 거듭하여
본국으로부터 경제적 자립의 힘도 생겼다.

영국은 프랑스와 벌인 7년 전쟁의 자금을 마련하기 위해
식민지 주민이 필요로 하는 증명서와 허가증에 붙이는 인지에
세금을 부과하는 인지세법(Stamp Act)을 1765년 3월 22일부터
시행했다. 신대륙 개척이 민간 차원에서 이루어졌고, 정부의
도움이라고는 다 만들어 놓은 식민지에 허가증을 내주는 것이
전부였음에도 본국에 세금을 내라는 조치에 식민지 주민의
저항이 만만치 않았다. 1년 뒤 인지세법이 폐지되었지만
그렇다고 영국 본국에 자금의 필요성이 없어진 것은 아니었다.

당시 영국은 인도에서 아편 농사를 지었는데 중국에
아편을 판매하고 차를 싼값에 들여오는 무역을 하고 있었다.
영국은 싼값으로 들여오는 차를 식민지에 독점 공급하고
세금을 부과하는 차법(Tea Act)을 1773년 5월 10일 시행한다.
속내를 알고 있던 식민지 주민들은 분노했다.

분노한 몇몇 주민은 차를 싣고 보스턴항에 정박해 있는
영국 동인도 회사(East India Company) 선박에 인디언 복장을
하고 들어가 홍차 상자들을 바다에 버린다. 이 사건이 바로
미국의 독립 선언의 불씨가 된 1773년 12월 6일에 일어난
보스턴 차 사건(Boston Tea Party)이다.

가뜩이나 힘든 식민지 생활에서 유일한 낙은 일을 마치고
들어와 한 잔의 차를 마시는 시간이었다. 그 차에 본국의 검은
뜻이 숨겨져 있음을 안 식민지 주민들은 차 마시는 시간조차
화가 솟구쳤다. 식민지 주민들은 분노가 담긴 차 대신 커피를

선택했다. 보란 듯이 영국인들이 차 마시는 습관에 항거했다.

마시는 음료는 달라졌어도 마시는 방법은 습관적으로 남아 커피를 차 마시듯 연하게 해서 마셨다. 그리고 물을 섞어 계속해서 마셨다. 변변한 도구 없이 만들어진 커피는 맛있기보다는 강렬하고 쓰며 텁텁한 맛이었기에 물을 더 많이 넣어서 마셨던 것이다.

그들이 마신 커피 한 잔엔 수많은 생각과 삶의 흔적들이 담겨 있었다. 식민지 주민에게 한 잔의 커피는 속박에 대한 저항이요 자유에 대한 의지였던 것이다.

"자유가 아니면 죽음을 달라!"
"Give Me Liberty Or Give Me Death"

미국 독립운동가 패트릭 헨리Patrick Henry, 1775년 4월23일 버지니아 식민지 의회 연설 중에서

뉴 잉글랜드 식민지
뉴햄프셔New Hampshire 식민지
매사추세츠Massachusetts 만 식민지
로드아일랜드Rhode Island 프로비던스
    플랜테이션 식민지
코네티컷Connecticut 식민지

중부 식민지
뉴욕New York 식민지
뉴저지New Jersey 식민지
펜실베니아Pennsylvania 식민지
델라웨어Delaware 식민지

남부 식민지
메릴랜드Maryland 식민지
버지니아Virginia 식민지
노스캐롤라이나North Carolina 식민지
사우스캐롤라이나South Carolina 식민지
조지아Georgia 식민지

1775년 영국이 북미 대륙에 세운 13개 식민지

이때부터였을까? 13개 식민지 대표가 모여 독립 선언서를
낭독하고 프랑스의 원조를 받아 미국의 독립을 이끌어 내
건국한 미합중국(United States of America)의 사람들이 마시는
커피는 아주 연한 커피였다. 이런 습관들을 보고 미국인들이
마시는 커피라 하여 Caffe Americano라고 불렀고 그것이
지금의 아메리카노Americano다. 물은 커피의 강렬함을 잦아들게
하고 커피 본연의 향기를 도드라지도록 만드는 훌륭한 매질이
된다.

　　일부 유럽인들이 뿌리가 깊지 않은 미국인들을
비아냥거리듯 말했던 아메리카노는 입술을 질끈 물며
다짐했던 그들의 자유에 대한 의지를 상징하는 커피였다.
에스프레소 머신이 보급된 후에도 에스프레소에 물을 섞어
마신 것은 이때의 식습관에 기인한 것이 아닌가 싶다.

　　가끔 유럽 지역을 여행하다 보면 우리가 흔히 찾는
아메리카노나 아이스 아메리카노를 주문하면 낯선 눈동자로
쏘아보는 바리스타들을 만난다. 유럽에선 아메리카노를
팔지 않는 카페가 의외로 많다. 특히 커피를 얼음과 함께
먹는다는 사실에 낯설어한다. 스페인에서는 주문할 때 아이스
아메리카노가 아니라 '카페 콘 이엘로', 즉 얼음하고 커피를
주문하면 데미타세에 담긴 에스프레소 한 잔과 얼음 잔을
따로 주기도 한다. 평상시 아무렇지도 않게 아주 손쉽게
마시는 아이스 아메리카노 한 잔이 뭐라고 진한 향수로
다가올 때가 있다.

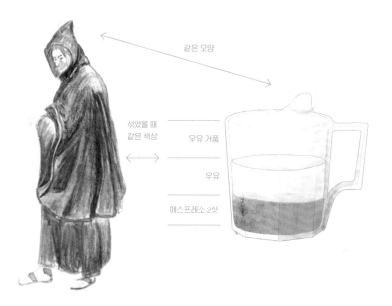

같은 모양

섞였을 때
같은 색상

우유 거품

우유

에스프레소 2샷

수도사의 옷을 닮은 커피

·

카푸치노

이탈리아의 아시시Asisi에 조반니 베르나르도네Giovanni Bernardone라는 굉장히 특이한 사람이 있었다. 옷을 입지 않고 다녔으며, 짐승들과 대화를 나누는 등 이상한 행동을 하고 다녔지만, 사람들은 그런 그를 성스럽게 생각했다. 그는 바로 프란체스코 성인(San Francesco d'Assisi, 1181–1226)이다.

프란체스코 성인이 세상을 떠난 뒤 그의 정신을 본받는 사람들이 결성한 수도회가 있었는데, 그것이 바로 프란체스코 수도회(Ordo Fratrum Minorum)다. 프란체스코 수도회에 마테오 다 바스키오Matteo da Bascio라는 수도사는 성 프란체스코가 사용했던 모자 끝이 뾰족한 두건을 사용하지 않는 수도회에 강한 불만을 품고 바티칸에 탄원을 올리게 된다. 하지만 다른 수도사들이 이를 반대하고 나섰고 바티칸은 이를 중재하기 위해 한 가지 대안을 제시한다.

마테오와 그를 따르는 수도회의 일부를 따로 분리해
새로운 수도회를 만드는 것에 승인을 해준 것이다. 그래서
만들어진 수도회가 카푸친Cappuchin 수도회다. 그들은
프란체스코 성인을 본받아 그가 입었던 모자 끝이 뾰족한
망토를 입은 수도회가 되었다. 카푸친 수도회는 음주를
악으로 규정하고 금지했다. 이런 그들의 모습은 흡사 이슬람
신비주의자들의 모습과 닮아 있었다.

프란체스코 성인

후에 카푸친 수도회 수도사들을 닮은 커피가 등장했는데 그 이름이 카푸치노Cappunchino다. 카푸치노의 색깔은 제의의 색깔과 같고 커피 위에 올리는 거품의 모양은 그들의 모자 끝을 닮았다.

기록은 찾지 못했지만 카푸치노의 탄생은 커피를 사랑하는 수도사들이 장난스럽게 만지다가 만들었거나 그들의 모습을 본 이가 닮은 커피를 만들었거나 하지 않았을까? 한 잔의 커피에 수도사들의 익살 혹은 생생한 모습이 담겨 있다는 것이 흥미롭다.

지금도 카푸치노를 제대로 만드는 카페에선 수도사들의 제의를 걸어 놓고 카푸치노의 색을 제의 색깔에 맞추어 커피의 양과 우유의 양을 조절하고, 커피 위 거품도 제의 모자 끝 모양과 같게 만든다고 한다.

커피를 만들면서 오래된 옷을 보고 만든다는 건 어쩌면 우습게 보일 수도 있지만 프란체스코 성인이 입던 제복을 입음으로써 그의 정신을 이어받는 것이나 카푸친 수도회 사제의 제복을 기준으로 카푸치노를 만드는 마음이나 모두 위대한 이의 삶을 존경하는 마음일 것이다.

3단계
휘핑 크림을 만든다.
입맛에 맞게 설탕이나 시럽으로
당도 조절

4단계
휘핑크림을 천천히 커피 위에
붓는다.

1단계
차갑거나 따뜻한
에스프레소 준비
혹은 더치커피를
준비

2단계
물을 첨가해
커피 농도를 결정
아인슈패너의 농도는
일반적으로 아메리카노 농도

마부에 대한 배려로 만들어진

·

아인슈페너

메흐메트 4세에 이르러 동유럽을 통째로 지배하게 된
오스만은 1683년 유럽에서 가장 큰 정치 세력이었던
합스부르크 제국(Habsburgerreich)의 본거지 오스트리아
빈까지 진격하여 1529년에 이어 다시 한 번 진을 친다. 당시
기록에 의하면 30만 명의 오스만 군대가 설치한 천막만 2만
5000개였고 성을 중심으로 빈을 포위하고 있었다.

　1683년 7월 14일 오스만 튀르크의 병사들은 칼렌베르크
구릉지에 막사를 짓기 시작했다. 그 어디에도 빈을 위한
원군은 보이지 않았다. 독일과 폴란드의 연합군과는 연락도
닿지 않았다. 성 안은 민심이 점점 사나워져 가고 있었고,
두 달이 되어 가도록 이어진 대치 상태는 성 안 군사의
사기를 떨어뜨리고 있었다. 가장 좋은 방법은 독일과 폴란드
연합군에게 한시바삐 연락을 하는 것이었다.

이때 한 남자가 연락병에 자원하고 나섰다. 그는
상인들에게 터키어 통역을 해줬기 때문에 터키어에 능통한
폴란드인 게오르그 프란츠 콜시츠키Georg Franz Kolschitzky라는
남자였다. 콜시츠키는 적군을 만나면 터키인처럼 행세하며
적진을 지나 연합군의 칼 폰 로트링겐 대공과 조우하고
일촉즉발의 상황을 설명했다. 독일과 폴란드 연합군 5만은
콜시츠키의 안내로 오스트리아를 향해 군기를 날리며 성으로
향했다.

연합군이 빈 근처에 도착한다는 소식을 들은 오스만
튀르크 군은 성을 함락하기 위한 총공격에 나섰다. 전세가
오스만 튀르크로 기울어지고 있을 때 오스만 튀르크 군
후위에 폴란드 군이 나타나 공격하기 시작했다. 성 함락에
모든 병력을 집중했던 오스만 튀르크 군의 후위는 폴란드

GEORG FRANTZ KOLTSCHITZKY gewesener
Dolmetscher, bey der Orientalischen Compagnia.

게오르그 프란츠 콜시츠키

군에 제대로 대응하지 못하고 전세는 다시 기울어졌다. 결국 오스만 튀르크 병사들은 모든 짐을 내팽개치고 퇴각한다. 수십 년간 계속된 오스만 튀르크의 유럽 진출은 이날을 끝으로 모두 끝나게 된다. 이후 오스만 튀르크는 쇠퇴의 길을 맞이하게 된다.

오스트리아 빈의 이날 전투는 오스만 튀르크의 운명을 결정짓는 사건이었지만 커피의 운명을 결정지은 사건이기도 하다. 전투에서 진 오스만 튀르크의 병사는 처참한 모습으로 본국으로 도망갔지만, 대승을 거둔 합스부르크의 군사에게는 엄청난 양의 전리품이 드넓은 벌판에 펼쳐져 있었다. 전리품 중 우리가 주목할 것은 낙타 2만 5000여 마리에 걸린 자루 안에서 발견된 초록색의 커피콩이다. 대상大商을 따라다니며 통역을 맡았던 콜시츠키는 이 콩이 어떤 위력을 가지고 있는지 이미 알고 있었다. 이 콩이 어떤 콩인가. 이슬람의 모든 사람들이 술을 대신하여 마시며 종교 의식에 쓰고, 내로라하는 유럽과 아시아의 거상들이 아무리 많은 금액을 지불해도 없어서 못 사는 상품 아닌가.

다른 사람들이 금과 돈에 눈독을 들이고 있을 때 콜시츠키는 전투에 세운 공을 치하해 달라 요청하고 자신은 그 자루 안의 물건과 건물 하나만을 달라고 청했다. 콜시츠키는 오스만 튀르크와의 전투에서 승리한 후 전공으로 받은 커피와 건물을 이용하여 빈의 중심가에 '푸른 병 아래의 집(Hof zur Blauen Flasche)'이라는 오스트리아 최초의 커피 하우스를 열었다. (1년 전에 이미 최초의 커피 하우스가 생겼었다는 기록도 있다.)

커피 하우스를 열고 1년간 매출이 탐탁지 않았던지 콜시츠키는 여러 가지 시도를 해본다. 튀르크인들처럼 설탕을 넣어 보기도 하고 강렬한 맛을 중화시키기 위해 우유도 넣어 보며 점차 맛있는 커피를 만들어 갔다. 몇 번의 시도 후 탄생한 새로운 커피는 사람들에게 인기를 얻었고 다양한 시도로 커피를 만드는 것이 비엔나커피의 전통이 되었다 한다. 이후로 다른 커피 하우스들도 다양한 레시피의 음료를 내놓았는지 비엔나에서 사랑받은 커피가 40여 가지 정도로 분류된다. 그만큼 고객은 개인 취향의 음료를 원했고 비엔나의 커피 하우스들은 고객을 위한 다양한 커피 레시피를 만들어 냈다.

1914년 발발한 제1차 세계대전에 참전했던 오스트리아는 물자가 부족해졌다. 특히 전쟁에 참전해 죽은 말이 많아서 비엔나의 파이커(쌍두마차)를 말 한 마리가 끌게 되었다. 이 마차는 주로 교통수단으로 이용되었다.

마차를 끄는 마부(그림: 모리츠 레델리Moritz Ledeli)

마부들이 손님을 기다리는 동안 주문하는 커피가 따로 있었는데 커피의 이름은 이 마부를 칭하는 아인슈페너Einspänner다. 마부를 위한 맞춤 커피의 레시피는 독특했다. 마부들은 항상 외부에서 손님을 기다려야 했기에 커피가 금방 식는 것을 방지하기 위해 커피 위에 두꺼운 크림이 올려졌다. 손님이 갑자기 오면 빠르게 커피를 마실 때도 차가워진 크림을 통과한 커피가 식기 때문에 재빠르게 마실 수 있었다. 두꺼운 크림이 주는 또 한 가지 배려는 마부가 마차를 몰 때 한 손으로는 말고삐를 잡고 다른 손으로는 손잡이 있는 컵을 쥐고 있어도 커피가 넘치는 것을 방지하는 효과가 있었다. 당시 도로는 돌로 포장되어 있어서 요동치는 마차에서 커피가 넘치는 것을 방지하기 위해서는 크림층이 두꺼워야 했다.

마부를 부르는 이름을 가진 아인슈페너는 그들에게만 인기가 있었던 것은 아니다. 두꺼운 크림의 부드러움과 뜨겁고 쓴맛을 지닌 커피의 조화는 이후 전 세계 사람들이 즐겨 마시는 음료가 되었다. 아인슈페너의 이름은 어느새 비엔나커피라는 이름으로 불려 비엔나를 대표하는 음료가 되었다. 비엔나커피는 한때 우리나라에서도 인기를 독차지했던 음료였지만 어느 순간 점점 사라지더니 아인슈페너란 본래 이름으로 판매되고 있다. 맛있는 것은 공간과 세대를 건너 사랑받기 마련이다.

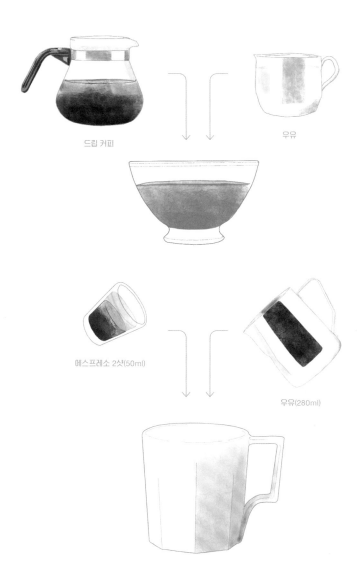

드립 커피

우유

에스프레소 2샷(50ml)

우유(280ml)

우유와 커피가 빚어낸 아침 식사

·

카페오레와 카페 라떼

커피가 퍼져 나가기 시작하던 당시 유럽에는 이름까지도 마신다(Bibere, 라틴어)라는 뜻을 가진 인기 음료가 있었다. 7000년 전 맥아 빵을 먹던 메소포타미아의 수메르인이 마셨을 것이라 추정되긴 하지만 이집트에서 처음 마신 것으로 기록된 맥주가 유럽 전역에 퍼져 식습관을 좌우하고 유럽인들 삶 전반에 자리 잡고 있었다. 이집트인들이 여흥을 위해 마시기도 하고 벌레 물린 곳에 바르거나 온갖 병에 만병통치약으로 사용했던 것처럼 중세의 유럽에서도 맥주가 밥처럼 약처럼 애용되고 있었다.

맥주에 달걀을 넣고 걸쭉하게 만들어 빵 위에 부어 먹는 것은 유럽 대륙의 전형적인 아침 식사로 독일 사람들은 이 음식을 1700년대까지 즐겨 먹었다고 하며, 약을 포함해 모든 것에 술이 들어갔다. 밥과 약에 모두 쓰인 것으로 보아 당시 맥주는 사람의 건강을 지켜 주는 음료로 인식되었던 것 같다.

"사람들은 음식보다는 맥주에 의지해 살아갔다."
플라쿠토무스, 1551년

아침에는 맥주, 점심에는 에일 맥주, 저녁에는 흑맥주를
마시는 풍습이 생기고 북유럽 사람들은 하루 평균 3리터,
영국의 서식스 지방의 수도사들은 하루에 캔 열두 개 분량에
해당하는 맥주를 마셨다고 한다.
　　술에 도취된 유럽에서는 어느 순간부터 자성의 소리가
흘러나오기 시작했다. 마틴 루터의 95개조 반박문으로 시작된
가톨릭 개혁은 무분별한 면죄부 발행 다음으로 술을 공격
목표로 삼았고, 커피를 즐겼던 카푸친 수도회는 돼지머리에
새의 발톱을 한 '술의 악마'를 그려 붙이면서 음주 대회를
금지하기도 했다.

맥주　　　　달걀　　　　걸쭉하게 섞은 것　　　빵 위에 뿌려서
　　　　　　　　　　　　　　　　　　　　　　아침 식사로

맥주로 만든 식사

막 퍼지기 시작한 커피는 자성의 소리에 탄력을 받아 그 색깔을 분명히 보여 주기 시작한다. 금주를 표방하는 청교도들은 그들이 '흑포도주'라 별칭한 커피를 신이 내려 준 음료라 칭송하면서 알코올에 중독된 사람들을 치유해 줄 것이라 믿었다.

중세 유럽의 도시에서 절대 권력을 가지고 있던 성직자와 귀족에 대항했던 자본가 계급인 중산층 부르주아Bourgeois들은 커피를 '노동의 성과를 향상시키는 음료'로 환영했다. 그들의 일을 해줄 노동 계급이 술을 마시는 것보다 커피를 마시는 것이 더욱 이득이었기 때문이다.

만남의 장소도 술집에서 카페로 바뀌었다. 오스만 튀르크의 카흐베하네를 닮아 계층에 상관없이 시민은 누구나 갈 수 있는 새로운 장소, 예술가와 과학자가 모여 신세계를 논의할 수 있는 곳, 그래서 항상 깨어 있는 장소에 깨어 있는 사람들이 모이기 시작했다. 하지만 빛이 있으면 그림자도 있는 법. 프랑스 파리에서는 17세기 커피 열풍이 잠깐의 고비를 맞는다. 커피가 심신에 좋지 않다는 소문이 퍼지기 시작한 것이다. 1685년 모낭 박사는 다음과 같은 레시피를 내놓는다.

"사발 한가득 양질의 우유를 불에 올려서 가볍게 끓기 시작하면 큰 숟가락 가득 커피 가루와 큰 숟가락 가득 흑설탕을 넣은 뒤 잠시 그대로 둔다."

바로 카페오레의 레시피다. 모낭 박사는 이 레시피대로 마시면 커피가 위에 침전되지 않고 기침을 멈추게 하는 등 병자도 살이 찌게 한다고 주장했다. 이 음료를 마신 후엔

4시간 동안 아무것도 먹지 않아야 한다는 말도 첨언했다.

　모낭 박사의 충고 때문인지 유럽 전역의 생각이 비슷했는지 우유 섞은 커피는 유럽의 아침 식사를 대신했다. 맥주에 달걀을 섞어 걸쭉하게 만든 후 빵 위에 부어 아침을 먹던 유럽인들은 맥주 대신 커피로, 달걀 대신 우유로 아침 식사를 해결했다. 시간이 흘러 지금에 이르러서도 이탈리아의 카푸치노, 프랑스의 카페오레, 스페인의 카페 콘 레체는 아침 시간에 마시는 커피로 인식되어 어떤 지역은 점심시간에 이 음료들을 주문하면 낯설어한다.

　전통적인 카페오레 레시피는 만들어질 당시엔 에스프레소 머신이 나오지 않았던 시기로 모낭 박사의 레시피처럼 터키식으로 만들어졌지만, 1763년 현재 드립식의 원형인 돈 말탄의 포트가 발명되면서 양질의 우유와 드립 커피로 만들어졌다. 카페오레는 특별히 높이가 낮고 넓직한 잔에 담아 마셨다.

　커피에 우유가 더해지면서부터 커피는 하나의 요리처럼 레시피를 갖게 된다. 유럽의 식생활 속으로 커피라는 이국의 음료가 비집고 들어가 그들의 생활만큼 다양해졌다. 커피를 즐기는 유럽 각지의 카페들은 자신들만의 개성을 갖춘 레시피를 만들기 시작했다. 그뿐만이 아니라 맛있는 커피를 맛본 사람들에 의해 레시피가 전해져 그 지역마다 고유한 이름으로 정착되기도 했다.

　우리가 흔히 이탈리아 음료로 알고 있는 카페 라테라는 용어를 처음으로 쓴 사람은 미국 에세이 작가 윌리엄 딘 하우웰William Dean Howell이다. 이탈리아 여행에서 돌아와 1867년 여행에 관해 출간한 «Italian Journeys»에서 그는 'caffè latte'라는 신조어를 처음으로 사용했다. 당시 전통적인 카푸치노는 스팀되지 않은 따뜻함과 거품이 있는 상태의 우유에 강한 에스프레소가 더해졌다. 이 레시피가 미국으로 건너오면서 커피를 연하게 해서 마시던 습관이 더해져 우유를 더 첨가해 연하게 해서 만들었고, 이후 우유에 스팀이 더해지면서 지금의 카페 라테가 됐다. 미국 작가 케네스 데이비스는 상업적인 카페 버전의 카페 라테는 미국의 발명품이라 주장하기도 한다.

커피에 대한 기억은 세기를 지나도 변함이 없는지 커피의 쓴맛을 처음 접하는 사람들은 달콤하고 부드러운 커피를 마시려 한다. 단맛은 싫어하지만 커피는 마시고 싶은 사람들에게 카페오레와 카페 라테는 가장 적당한 음료다. 여기에 각종 가향 시럽이나 꿀 등 단맛을 첨가하면 세상에서 가장 고소한 향을 간직한 음료가 된다. 어떤 것에 섞여도 매력적인 향을 잊지 못하게 만들고 달콤한 쓴맛으로 다시 찾게 만드는 것이 커피의 매력이 아닐까 싶다.

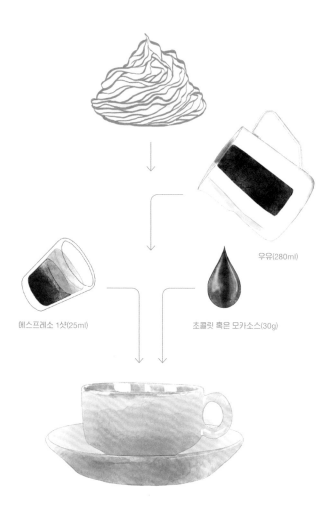

우유(280ml)

에스프레소 1샷(25ml)

초콜릿 혹은 모카소스(30g)

하늘이 맺어 준
커피와 초콜릿의 조화

·

카페 모카

에티오피아에서 '발견'된 커피는 홍해를 건너 예멘에서
새롭게 '탄생'한다. 자연에서 자생하던 커피를 사람의 손으로
경작하기 시작했고 재배법이 고안되었기 때문이다.

예멘의 고도 사나 옆에 치솟은 나비수아이브산(Jabal an
Nabi Shu'ayb, 3760미터로 예멘에서 가장 높은 산)이 커피의
경작이 시작된 곳이다. 커피는 이곳에서 높은 곳의 환경에
맞게 알차고 튼실하게 자라났고 이때 만들어진 재배법은
현재까지도 표준이 되고 있다. 재배법을 간략하게 요약하면
밭을 개간하고, 충분한 관개 시설을 확보한다. 여기까지는
다른 농작물과 비슷하다. 하지만 커피는 강한 햇빛과
해충으로부터 피해를 막기 위해 주변에 큰 나무를 심어야
한다. 그늘을 만들기 위해서다.

커피 재배 방법은 철저하게 비밀에 부쳐졌고 타국인이

터키Turkiye
터키의 예멘 정복에 의한 커피 확산

포르투갈Portugal
선원들에 의한 커피에 대한
소문 전파

예멘 Yemen

예멘에서 퍼져 나가는 커피

커피 농장을 방문하는 일은 엄격히 금지됐다. 커피콩은 물에 넣어 끓이거나 열을 가해 발아 능력이 없어져야만 수출이 가능했다. 어쩌면 이때부터 커피는 구워서 음용했을지도 모를 일이다.

• 나비수아이브산

• 모카

예멘이 커피 경작을 독점해 공급하는 동안 커피 가격은 치솟았고 그들은 커피로 더욱 풍요해졌다. 로마인들에 의해 '행복한 아라비아(Arabia Felix)'라고 불렸을 정도다.

재배된 커피의 교역이 이루어진 곳은 알모카al-muckha 항구다. 알모카 항구는 이후 유럽인들에게 모카Mocha라는 이름으로 불리고 고급 커피 브랜드가 되었다. 후에는 모카

항구가 아닌 호데이다와 아덴의 항에서 거래가 되어도 모카라는 브랜드가 붙으면 브랜드 프리미엄을 구가할 정도가 됐다. 주로 거래되던 에티오피아의 원종에 가까운 커피들은 모두 특이한 향을 갖고 있었다. 커피를 한 잔 마시면 커피와 함께 초콜릿 향이 입 안 가득 퍼졌다. 특히 예멘에서 직접 수확한 예멘 모카는 초콜릿 향이 뚜렷했다. 마찬가지로 거래되던 에티오피아의 이르가체프Yirgachefe나 모카하라Mocha Harrar의 향도 초콜릿 향이 그윽했다. 그 향이 얼마나 선명했던지 모카가 초콜릿을 지칭하는 말이 되었다는 설이 지배적이다. 어원사전에 따르면 모카가 예멘에서 생산된 커피로 사용되기 시작한 것은 1773년이고 1849년엔 커피와 초콜릿의 혼합이라는 의미로 기록됐다고 한다.

커피와 초콜릿은 섞이면 신이 맺어 준 듯 서로를 보완하여 풍미를 높이고 맛을 향상시킨다. 환상의 조합을 맛본 이탈리아 사람들의 실험 정신으로 새로운 카페 메뉴가 만들어진다. 16세기에 베니스와 토리노의 카페에서 초콜릿과 커피를 혼합한 바바레이사Bavareisa라는 음료가 있었고, 투명한 잔에 초콜릿과 커피를 혼합해 그 층이 뚜렷이 보이던 비체린Bicerin이란 음료가 있었다. 두 음료들의 흔적을 보면 분명 모카라는 말은 쓰이지 않았다.

카페 모카Cafe Mocha는 기원은 분명하지 않지만 모카라는 말이 초콜릿임을 가장 명확하게 암시하고 있다. 카페 모카의 레시피에 초콜릿이 들어가 있기 때문이다. 커피와 초콜릿의 조합이 맛의 중심에 있고 스팀된 우유의 거품과 휘핑크림이 부드러움을 더해 입 안에 달콤함이 꽉 차는 느낌을 준다.

미국이 만들어 낸 음료라는 설이 있지만 기록이 없기 때문에 확실하지는 않다.

　　한때 커피 무역의 중심으로 '행복한 아라비아' 모카항은 북적거리던 커피 상인과 손님들은 사라져 버렸지만 모카의 향기만큼은 지울 수 없는 곳에 새겨 넣었다. 모카 항구의 커피 맛을 잊을 수 없었던 사람들은 이국의 향을 대신하는 초콜릿으로 커피 레시피를 만들어 세기를 건너 전해 오고 있기 때문이다. 그리고 여전히 그 맛으로 사람들을 매료시키고 있다.

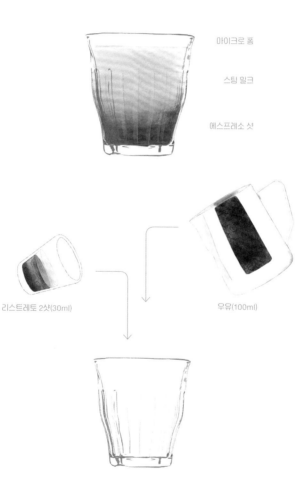

마이크로 폼

스팅 밀크

에스프레소 샷

리스트레토 2샷(30ml)   우유(100ml)

비단결 우유, 강렬한 커피

·

플랫 화이트

"1980년대 호주에서 유래한 플랫 화이트Flat White는 영국 커피 전문점의 주된 음료가 되었으며 현재 미국과 캐나다의 커피 애호가들 사이에서 인기가 있다."

2015년 미국과 캐나다에 있는 스타벅스가 '플랫 화이트'라는 음료를 론칭하면서 배포한 이 보도 자료는 큰 논쟁을 일으킨다. 논쟁을 시작한 두 나라는 뉴질랜드와 호주다. 두 국가는 예전부터 전통 요리의 기원에 대해 옥신각신 논쟁을 벌이곤 했다. 이번엔 커피 음료 하나를 놓고 논쟁이 벌어졌다.

호주에서 '시드니 카페'를 연 앨런 프레스톤Alan Preston은 자신이 플랫 화이트란 용어를 처음 사용한 사람이라며 나섰다. 자신이 살던 퀸즐랜드에서는 1960년대와 1970년대 사이 많은 카페들이 'White Coffee - flat'이란 에스프레소 음료를 제공했는데, 이에 착안해 서섹스 스트리트의 커피 하우스 '무어 에스프레소 바'를 연 후 사용했던 것이 기원이라는 주장을 펼쳤다. 그러면서 1980년 플랫 화이트가 적힌 메뉴판 사진을 근거로 들었다.

뉴질랜드도 이에 지지 않았다. 웰링턴에서 바리스타로 일하던 프랭크 맥킨즈Frank McInnes가 우연히 발명한 산물이란 주장을 펼쳤다. 프랭크 맥킨즈는 1989년 여름 윌리스 거리의 '카페 보데가'에서 카푸치노를 준비하다 거품을 충분히 내지 못하는 실수를 한다. 주문한 손님에게 우유가 거품을 내기에 충분한 지방을 가지고 있지 않아 그렇다는 설명과 함께 "미안해요. 플랫 화이트가 됐네요."라고 말한 것에서 기원한다고 주장했다.

한편 호주 음식사학자 마이클 사이먼Michael Symons은 2차 세계대전 이후 호주로 이민을 온 이탈리아인들에 의해 호주의 커피 문화가 생겼고, 이민자들 중 일부가 이탈리안 스타일의 커피를 제공하는 카페를 열어 호주 사람이 알지 못하는 에스프레소 머신을 사용하기 시작했지만, 뉴질랜드는 1990년대까지 에스프레소 머신을 사용하지 않았기 때문에 주장 자체가 잘못된 것임을 지적하고 나섰다.

앞으로도 끝나지 않을 이 논쟁에서 우리가 알 수 있는 사실은 플랫 화이트는 1980년대쯤 만들어진 것이고 뉴질랜드나 호주에서 시작해 영국, 미국, 캐나다로 영역을 넓혀 가고 있다는 것이다.

한국도 예외는 아니어서 플랫 화이트가 점차 인기를 얻고 있다. 그 이유로 플랫 화이트가 라떼보다 강하고 카푸치노보다 부드럽기 때문이라는 견해가 있다.

라떼보다 강한 이유는 농축된 리스트레토 투샷으로 구성되어 있고 작은 잔을 사용하기 때문에 라떼보다 우유 양이 적어 그 맛이 조금 더 강하다 볼 수 있다. 카푸치노보다 부드럽다는 것은 호주와 뉴질랜드같이 젖소를 자유 방목하는 데서 비롯된다. 방목해서 키우는 젖소 우유의 특징은 강한 스팀을 주입하면 굳어지고 거품도 훨씬 큰 거품으로 변하는 경향이 있어 올바른 온도에 도달할 때까지 아주 부드럽게 스팀을 해줘야 한다. 이때 얻어지는 거품은 미세하게 고운 상태 '마이크로 폼'으로 비단이나 벨벳처럼 부드럽다.

플랫 화이트를 마실 때 딱 입술만큼 잠기는 마이크로 폼에서 느껴지는 부드러움과 그 아래 녹진하고 강한 음료가 혀끝을 자극하는 대조적 조화가 매력적이다. 이런 점에서인지 아니면 이름에서 느껴지는 현대적인 뉘앙스 때문인지 이유를 분명하게 알 수는 없지만 찾는 이가 많아진다는 것은 그만큼 가치가 있는 음료라는 것이다.

가치가 높아갈수록 뉴질랜드와 호주의 논쟁도 그칠 줄 모르고 계속될 것이라는 것을 쉽게 예상할 수 있다. 논쟁의 시작이 어디에나 있는 스타벅스라는 거대 브랜드가 론칭하면서부터 아니던가.

다른 관점에서 바라보면 커피에 섞인 우유라는 큰 틀에서 벗어나 미세한 거품의 차이마저도 느끼는 사람들이 더 늘고 있다는 것이고, 이는 커피라는 음료가 점점 진화하고 있다는 의미다.

한 가지 분명한 것은 사람들이 커피의 맛에 더욱 관심을 갖게 됐다는 점이다. 스타벅스를 위시해 현존하는 프랜차이즈 카페들은 맛에 있어 대동소이하다. 프랜차이즈 브랜드들이 선택하는 원두가 크게 다르지 않기 때문에 어떤 브랜드의 커피가 특별히 더 맛있다고 느끼는 사람이 많지 않다. 바로 이런 점을 동네에 있는 작은 카페는 주목해야 한다. 큰 프랜차이즈 브랜드와 경쟁 포인트가 될 수 있기 때문이다. 북미에서 벌어지는 일이 곧 전 세계적으로 확산될 변화일 수도 있기 때문이다. 몇몇 군소 카페 브랜드가 스타벅스라는 거대 카페 브랜드에 대적할 만한 강소 브랜드로 성장하고 있는 이유를 주목해 보면, 그들이 추구하는 핵심 가치의 중심에는 '커피는 맛이 있어야 한다'라는 가장 기본적인 메시지가 있다.

변화의 방향이 어느 곳으로 향하는지 완벽하게 예상할 수는 없지만 한 가지 사실은 분명하다. 사람들의 입맛이 점점 정교해지고 있다는 것을 간과해선 안 된다는 점이다.

커피 잔의 변천(추정)

이탈리아 '데미타세'

터키 '자르프'

에티오피아 '시니'

필터 끼우기   분쇄 원두 필터에 넣기   첫 번째 붓기(1st Pour)

두 번째 붓기(2nd Pour)   뜸 들이기(Blooming)

흐르는 물이 만들어 낸 커피

·

핸드 드립

북해(North Sea) 가까이에 있는 천혜의 지리적 이점 덕분에 독일 북부의 경제 중심지로 성장한 함부르크^{Hamburg}에 1677년 커피 하우스(Kaffeehaus)가 개점을 한다.

  17세기 함부르크는 1년 내내 상인들이 드나들던 국제적인 도시였다. 특히 왕래가 빈번했던 영국의 선원들과 상인들은 함부르크에 커피 하우스를 간절히 원했다. 당시 영국에선 선원과 상인들이 대부분의 소식을 커피 하우스에서 얻었기에 하루가 멀다 하고 드나들었다. 그래서 그들은 함부르크 내에서도 그런 기능을 할 곳이 절실히 필요했다. 함부르크에 커피 하우스가 개점한 것도 이런 이유에서였다. 함부르크에 들어오는 커피도 영국 런던을 거쳐 해로를 통해 들어오고 있었다.

덕분에 burg(城市, 성으로 둘러싸인 도시)에 살고 있는 Bürgertum(시민 계층)이 서서히 커피에 젖어 갔다. 그들은 독일의 부르주아지bourgeoisie로 성안에서 안전하고 윤택하게 사는 중류층 사람들이었다. 근대 자본주의를 형성하게 될 주역으로 수공업과 상업에 종사하며 재산을 축적했던 그들은 새로운 사상으로 세상의 변혁을 꿈꾸었다. 그들에게 정신을 깨어 있게 만들어 주는 커피야말로 매력적인 음료였다.

그들은 커피 하우스에서 정보를 나누고 새롭게 생긴 커피를 마시는 풍습에 젖어 들었으며 커피 마시는 무리에 속한다는 연대감마저 갖게 된다. 하지만 독일의 커피 하우스에서 여성의 모습은 찾아볼 수 없었다. 커피 하우스에 여성의 출입을 금지했기 때문이다. 심지어 여성들에겐 커피를 집에서조차 마실 수 없도록 하였다. 그럼에도 불구하고 당시

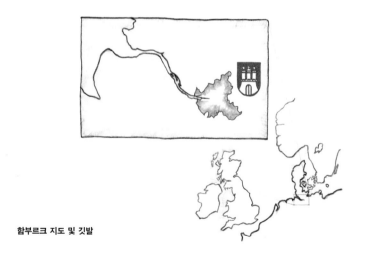

함부르크 지도 및 깃발

자료를 보면 여성의 커피 소비는 상당량에 이를 것이라 추측된다. 이는 독일의 여성들이 남편이 일하러 가면 가정에서 손님을 초대하여 커피 마시기를 즐겼으며 가정에서 커피를 준비하는 것은 여성의 몫이었기 때문일 것이다.

멜리타 벤츠Melitta Benz 역시 그런 평범한 가정주부였으며, 그녀는 유난히 커피를 즐겨 마셨다. 그리도 즐겨 마시던 커피를 내릴 때마다 그녀는 한 가지 의문에 사로잡히게 된다. 커피 찌꺼기가 걸러지지 않는 것 때문에 커피가 너무 강하고 아린 맛을 내는데 이 문제를 해결할 수 있는 방법은 없을까, 하고 생각하던 중 1908년 6월 어느 날 아침 멜리타 벤츠는 이런 고민을 해결하고 싶은 생각이 들었다. 황동 냄비 바닥에 여러 개의 구멍을 뚫고 큰아이가 쓰던 공책 한 장을 뜯어서 동그랗게 오렸다. 동그랗게 오린 종이를 황동 냄비 바닥에 깔고 커피 가루를 넣은 후 끓는 물을 부었더니 커피 찌꺼기가 밑으로 거의 내려오지 않아 전보다 맑은 커피가 만들어졌고, 맛과 풍미도 훨씬 좋다는 것을 알게 되었다.

가족에게 맛있고 향이 좋은 커피를 주기 위한 생각에서 출발하여 고민 끝에 내놓은 간단한 아이디어였다. 이 아이디어는 세계적으로 사랑받는 종이 필터 발명의 시작이다. 이후 1937년 최초의 원뿔형 종이 필터 드립퍼와 서버, 포트 등 드립 세트를 완성해서 출시함으로써 현재 모습의 핸드 드립 기구를 만들었다.

북미권을 중심으로 에스프레소 음료만 선호하는 것처럼 보였던 커피의 세계에서 '제3의 커피 물결'이 일렁이고 있다. 제3의 물결에는 바리스타가 손님에게 좋은 품질의 커피를 정성을 다해 추출함으로써 맛있는 커피를 제공하는 내용이 포함되어 있다. 특히 이런 흐름에 중심이 되는 것은 스페셜티 커피다. 스페셜티 커피는 스페셜티 커피 협회(Specialty Coffee Association)가 정해 놓은 평가에 따라 100점 중 80점 이상이 되는 커피를 의미한다. 제3의 커피 물결은 그저 그런 원두로 장사를 하는 것이 아니라 손님에게 커피 맛의 진수를 보여 주겠다는 의지가 포함되어 있다. 이 물결은 글로벌하게 확산되고 있고 각 나라에서 강소 카페 브랜드들이 탄생하고 있다.

상단

커피
압지

하단

최초 커피 필터 멜리타 드리퍼

이들의 공통점은 더 이상 머신에만 기대지 않고 핸드 드립 등 손이 많이 가는 커피 음료를 서비스하고 있다는 것이다. 그곳에 멜리타 여사의 사랑이 부활하고 있다. 멜리타 여사가 필터를 개발할 때 가족을 위해 맛있는 커피를 만들던 방식을 그들이 차용하고 있기 때문이다. 멜리타 여사가 필터와 함께 만들었던 방식이 바로 푸어오버Pour-Over 방식이다. 푸어오버 방식은 초심자도 따라서 하면 커피의 풍미를 잘 살릴 수 있도록 만들어졌다. 필터와 커피 추출 방식의 개발을 보고 있노라면 커피를 마실 땐 손쉽게 만들어 누구나 맛있게 마셔야 한다고 멜리타 여사가 말하는 듯하다.

　언제나 사람을 향한 것은 귀하고 사랑스럽다.

2

호모 코페아 사피엔스
Homo Coffea Sapiens

약 250만 년 전에 등장한 인간속Homo 중 유일하게 살아남은 종은 호모 사피엔스Homo Sapiens다. 그들이 살아남을 수 있었던 것은 이름에서도 알 수 있듯이 지혜롭기 때문이다. 그들은 언어와 도구를 사용하며 거친 자연에서도 끈질기게 생존했다.

여러 번의 빙하기에서도 살아남은 꼭두서니과 125종 중 코페아Coffea속은 '커피'라는 이름의 음료로 사람들 곁에서 살아가고 있다. 코페아는 특이한 자구력을 가지고 있다. 주변의 식물과 곤충으로부터 자신을 지키기 위해 발산하는 '카페인'은 일종의 독이다. 코페아가 만들어 내는 독은 주변 식물과 곤충에겐 해롭게 작용하지만 사람들에겐 잠들지 않는 힘을 준다.

둘의 만남이 언제 시작되었는지 기록으로 남아 있지 않지만 지혜로운 사람 호모 사피엔스는 코페아로 깨어나 문명을 깨웠다. 나는 커피로 사유하는 사람들을 호모 코페아 사피엔스로 칭하고 싶다. 세계 곳곳에 커피와 함께 생각하고 대화하며 새로운 문명을 만들고 혁명을 일으킨 흔적들이 남아 있기 때문이다.

호모 코페아 사피엔스의 진화는 아직 멈추지 않았다. 여전히 세계 곳곳에서 생산되는 커피는 더 우수해지고 있고, 카페에선 사유와 대화로 새로운 기원을 만들어 내고 있기 때문이다.

아침 커피는 사랑

·

분나 마프라트

아침은 어제를 마무리한 사람들이 새로운 오늘을 시작하는 시간이다. 태양이 머리를 내밀고 날이 밝아오면 어제 저녁 잠들었던 이들이 깨어나 또 다른 하루를 시작한다. 시간을 나타내는 단어 아침은 그 시간에 먹는 식사를 뜻하기도 한다. 아침에 먹는 식사가 아침만큼이나 동등해서일까.

과거 유럽에서는 아침 식사가 금기시됐다. 욕구에 순응하는 것을 죄악이라 생각했기 때문이다. 하지만 한 가지 예외가 있었는데 바로 음료다. 마시는 것은 음식의 범주에 들지 않았고 1662년 이탈리아의 한 추기경은 음료를 마시는 것은 단식을 깨는 것이 아니라는 선언까지 했으니 10여 시간을 공복으로 있던 그들에게 아침에 마시는 음료 한 잔은 하루를 깨우는 암브로시아 같은 것이었으리라.

포르투갈어에는 아침에 마셨던 커피 한 잔이 아침

식사라는 단어가 되었다. café da manha를 직역하면
아침 커피지만 뜻은 아침 식사를 의미한다. 카페오레를
설명하면서도 밝혔듯이 영국을 제외한 유럽 가톨릭 국가들은
아침으로 커피를 마시기 시작했다. 아침에 잠을 깨우고
정신을 깨우는 음료로는 커피만 한 것이 없었다.

그즈음 유럽에서 아침 식사는 종교적인 면에서도 의미가
있었다. 가지고 있는 욕구를 절제하고 하루가 시작되는 그때
신을 떠올리며 경건한 마음을 갖는 것은 무척 의미 있는
일이었음에 틀림이 없다. 종교적 관점에서 보지 않더라도
우리 모두에게 아침은 하루를 시작하는 자신을 위해 마음을
다지고 하루를 지켜 낼 용기를 주는 시간 아니겠는가.

인류사의 아침이 된 에티오피아에서도 아침 커피는
특별한 의미를 가지고 있다. 분나 마프라트는 하루를 시작하는
가족을 위한 애정이 가득한 커피 의식이다. 에티오피아
암하라어로 '분나'는 커피를 의미하고 '마프라트'는 끓이는
행위를 말한다. 한마디로 '커피 끓이기'란 뜻이다. 이 단어가
영어로는 coffee ceremony라는 단어로 소개가 됐는데, 두 단어
간에 살짝 간극이 있는 것은 '커피 끓이기'란 행위를 제삼자적
시각에서 하나의 행사로 보았기 때문인 듯하다.

아침이 밝으면 가족 중 여성 한 명이 에티오피아 전통
의상인 네텔라(어깨에 두르는 하얀색의 옷)를 입고 행운을
불러온다는 케테마라는 나뭇잎을 바닥에 장식하는 것으로
분나 마프라트가 시작된다. 숯 화로를 피우고 유칼립투스나
송진을 태워 안 좋은 기운을 신성한 향으로 걷어 낸다.

커피를 준비하는 시간 동안 먹을 수 있는 팝콘과 유사한

펀디샤와 전통 빵 다보를 가족들에게 제공한 후 커피 체리를 으깨 껍질을 벗기고 물로 씻어 생두를 준비한다. 씻어 낸 생두는 널찍한 팬에 넣고 숯 화로 위에서 굽는다. 녹색의 기운을 가지고 있던 생두는 시간이 지날수록 노란빛으로, 갈색빛으로 변해 가고 거의 검은색의 원두가 됐을 때 굽기를 멈춘다. 볶은 원두와 볶을 때 나는 향으로 사람들의 마음이 평온해질 때쯤 나무절구(mukecha)에 원두를 넣고 빻는다. 에티오피아 전통 주전자 제베나에 물을 넣고 숯 화로에서 데운 후 일정 시간이 지나면 절구에 빻은 원두의 거친 가루를 채로 쳐서 걸러 낸 고운 가루를 넣고 한참을 끓인다.

커피를 다 끓이면 약간의 커피로 대지를 적셔 고마움을 표시한 후 준비해 두었던 에티오피아의 작은 도자기 잔 시니에 30센티미터 정도 높이를 두고 따른다. 잔보다 높은 곳에서 따르는 것은 커피의 맛을 진하게 만드는 거품을 내기 위함이다.

제일 첫 잔은 가족 중 가장 큰 어른에게 대접한다. 그 후 다른 가족들에게 순서대로 돌린다.

첫 잔은 다른 가족의 이야기를 듣는 아볼[abol]로 우애의

시니 잔에 담긴 분나

잔이다. 첫 잔에서의 미덕은 경청이다. 다른 사람의 이야기를 들을 준비를 한다는 것은 나의 이야기도 누군가 경청해 줄 것이란 뜻을 내포한다.

둘째 잔은 나의 이야기를 하는 후에레타냐Hyeletanya로 평화의 잔이다. 경청하는 이들을 향해 나의 이야기를 쏟아 내며 마음속 평안함을 갖는다. 모여 있는 공간이 평온해지는 순간이다.

셋째 잔은 우애와 행복으로 서로가 조화와 평화를 갖게 되는 베레카Bereka로 축복의 잔이다. 마지막 잔까지 모두 마신 후 일터로 향하는 가족들의 축복을 기원하고 서로 안아 주며 분나 마프라트는 끝이 난다.

에티오피아 가정의 아침 행사 분나 마프라트는 귀한 손님이 방문했을 때도 같은 방식으로 행한다. 이 의식을 지켜보다가 지루해하며 한 잔만 마시고 일어나면 무례하다는 말을 듣는다. 에티오피아 곳곳에선 분나 마프라트로 손님을 맞이하는 곳도 있다 하니 에티오피아로 여행을 떠난다면 한번쯤 경험해 보는 것도 좋을 듯하다.

아침 일찍 카페에 있다 보면 가끔 아침을 거르고 커피 한 잔을 마시는 이를 볼 때가 있다. 가족은 아니지만 안타까운 마음이 느껴지는 건 누구나 다 받아야 할 가족의 사랑을 담은 것이 아침 식사임을 무의식적으로 인식해서가 아닐까 한다. 그런 의미에서 보면 에티오피아의 분나 마프라트의 커피 세 잔은 사랑을 담은 커피임에 분명하다. 꼭 세 잔까지는 아니더라도 커피 한 잔에 정성과 사랑을 담아 다른 이에게 건네는 것도 의미 있는 아침이지 않을까 생각해 본다.

유럽 아침 식사의 원형

·

카페와 크로와상

아침에 갓 구운 빵을 손님에게 제공하는 제빵업자는 다른
사람들이 모두 잠든 새벽부터 부산함을 떨어야 한다.
오스트리아 빈에서 빵집을 경영하는 피터 벤더Peter Wender는 성
밖에 있는 오스만 튀르크 병사의 포위에도 아랑곳하지 않고
새벽부터 일어나 지하실에서 빵을 만들고 있었다. 밀가루가
고루 반죽되어야 찰진 빵이 나오니 반죽을 힘껏 내려치며
반죽을 하고 있었다.

"탁, 탁, 텅."

밀가루 반죽을 떨어뜨리는 소리 사이로 이상한 소리가
들렸다.

"텅."

깜짝 놀란 피터 벤더는 기이하게 여겨 주의 깊게 들었다.

"이건 아무래도 이상한 소리인데……?"

소리는 계속해서 들렸다.

"텅, 텅……."

피터 벤더는 아침에 관청이 열리자마자 달려가 이상한 소리가 나는 것을 신고했다.

오스만 튀르크의 빈 공략

13세기 말 아나톨리아Anatolia(터키어: Anadolu) 서북부에 등장한 부족장 오스만 1세가 성스러운 전쟁에 종사하는 무슬림 가지(Ghāzī, 성역에 종사하는 전사)를 이끌고 시작된 오스만 튀르크는 1326년 오스만의 아들 오르한 1세의 동로마 제국의 변방 부르사Bursa 점령을 시작으로 유럽 정복을 시작했다. 당시 유럽의 크고 작은 전쟁들은 약탈을 위한 전쟁이었지만 오스만 튀르크는 정권을 강화함과 동시에 종교적 명분으로 군사들의 사기를 끌어올리려 벌인 전쟁이었기 때문에 군사들의 목표와 신념이 강했다.

1453년 메흐메트 2세는 동로마 제국의 수도 콘스탄티노폴리스Constantinopolis를 점령하고 유럽 정복의 확대를 위한 거점이자 오스만 제국의 수도로 정하고 본격적인 유럽 정복을 단행한다. 하지만 헝가리라는 벽 앞에서 유럽 정복은 지지부진한 결과만 있을 뿐이었다.

26살의 젊은 나이에 군주가 된 10대 군주 슐레이만 1세는 안으로는 법전을 편찬하여 제국의 제도를 정비했고, 밖으로는 13차례 대외 원정을 통해 국력을 최고조로 끌어올린 인물로 서양인들이 그를 'the Magnificent(위대한) Süleyman'이라 부를 정도로 치세를 펼쳤다. 슐레이만 1세와 2세를 거치면서 오스만 튀르크는 1500년대와 1600년대에 최고의 전성기를 맞게 된다. 그야말로 16세기와 17세기는 오스만 튀르크의 세상이었다.

슐레이만 1세는 베오그라드Beograd를 점령하면서 헝가리를 무너뜨렸고, 유럽 전쟁의 목표인 유럽 전 지역의 이슬람화를 위한 성전은 계속되었다.

이후 메흐메트 4세에 이르러 오스만은 1683년 오스트리아 빈까지 진격하여 1529년에 이어 다시 한 번 진을 친다. 진을 치고 있던 오스만은 공성전에 유리한 고지를 점령하기 위한 비밀스러운 작전에 돌입했다. 제빵사가 들은 바로 그 소리가 그들의 작전이었다.

성의 주인 레오폴드(Leopold Ignaz Joseph Balthasar Felician) 국왕은 사태가 일어나자마자 린츠Linz로 피신하고, 국왕이 없는 성엔 턱없이 부족한 병사와 시민들만이 남아 있었다. 대치하고 있는 오스만 튀르크 병사에 수적으로

오스만 튀르크의 동유럽 진출

열세인 빈은 이제 풍전등화의 상태였고, 엎친 데 덮친 격으로 갇혀 있던 성에 먹을 것이라곤 남아 있지 않았다. 게다가 역병이 돌아 성안의 인구는 줄어들 대로 줄어 있었다. 이때 한쪽 성벽으로 의외의 기쁜 소식이 날아든다. 연합군 5만 명이 도착한 것이다.

아침에 부랴부랴 찾아와서 고변한 피터 벤더의 지하 제빵실에서 나는 '텅' 하는 이상한 소리의 출처에 대해서 조사한 결과, 오스만 튀르크가 땅굴을 파는 소리였고 그 굴을 시작으로 모든 작전이 시작될 것이라는 것을 짐작하고 있었다.

이런 정보를 이미 알고 있던 오스트리아와 폴란드 군은 소리가 났던 곳을 중심으로 땅굴을 파고 들어올 것으로 짐작되는 성벽에 병력을 집중 배치했다.

9월 20일. 느닷없이 땅속에서 지축을 울리는 '뺑' 소리와 함께 성벽이 무너져 내렸다. 뿌연 먼지를 뿜으며 무너진 성벽 사이로 오스만 튀르크 병사가 보이기 시작했다. 이미 준비하고 있던 오스트리아와 연합군은 오스만 병사들이 들어오기가 무섭게 하나씩 무너뜨린다. 아비규환 속에 오스만 튀르크의 병사들은 자신의 진로 방향을 겹겹이 막고 있는 적군을 도저히 뚫을 수 없어 뒤로 물러서려 해도 후위에선 폴란드 군이 공격해 들어오고 있었다. 이 전투에서 오스만 튀르크는 수만의 병사가 목숨을 잃게 된다. 결국 오스만 튀르크 군은 퇴각하기에 이른다. 1529년부터 몇십 년간 계속된 오스만 튀르크의 유럽 진출의 꿈은 이날로 모두 끝난다.

제빵사 피터 벤더는 훌륭한 공적을 세운 셈이 되었다.

피터 벤더는 자신의 제빵 기술을 이용해서 오스만 튀르크의 깃발에 있는 초승달 모양을 빵으로 만들어 자신의 공적을 널리 알리게 되었다. 그 빵 이름은 '피처'. 이후 이 빵은 무용담과 더불어 합스부르크 세력권의 모든 나라에서 먹는 빵이 되었다.

두 달간의 치욕과 공포를 이겨 내고 오스만 튀르크를 씹듯 그들을 상징하는 모양의 빵을 씹으며 새로이 소개된 음료 커피와 함께 아침을 시작하게 된 것이다.

어린 시절 향수를 달래기 위해 전해진 음식이 유럽의 아침 식사가 되다.

합스부르크 왕가의 딸 마리 앙투아네트Marie Antoinette(1755– 1793)는 17세의 어린 나이로 프랑스의 루이 16세(1754– 1793)와 정략결혼을 한다.

마리 앙투아네트, 커피와 크로와상

자신의 고향에서 멀리 떨어진 프랑스에서 마리 앙투아네트는 어린 시절 향수에 젖어 우울함을 견디며 살고 있었다. 그러던 어느 날 문득 고향에서 먹던 빵 하나를 생각해 냈다. 그녀는 왕실 요리사에게 '피처'라는 빵을 설명하며 가르쳤다. 왕실 요리사들은 이 빵이 프랑스 왕실의 다른 음식에 비해 수준이 낮다고 결론을 내고 버터와 이스트를 첨가하여 모양은 같지만 다른 빵을 만들게 된다. 빵의 이름에 불어로 초승달을 뜻하는 르 크로와상Le Croissant이라 이름을 붙인다.

이때부터 마리 앙투아네트는 크로와상과 자신이 가장 좋아하던 음료인 커피를 아침 식사로 먹곤 했다. 이 소식을 전해 들은 프랑스 전역의 귀족들은 평소 주목하고 바라보던 마리 앙투아네트의 아침 식사를 먹고 싶어 하게 된다. 지금도 세계적인 유명인이나 소셜 미디어의 인플루언서들이 입고 먹고 마시는 것이 포착되면 경험을 함께 공유하고 싶은 이들의 욕망으로 산업 전체가 들썩인다. 그때도 마찬가지였던 모양이다. 마리 앙투아네트는 당대의 유명 인사였으니 왕족에서 귀족으로, 귀족을 지나 평민으로, 그리고 유럽 전역으로 그녀의 아침 식사 습관은 점점 퍼져 갔다. 이때부터 크로와상과 한 잔의 커피는 유럽 대륙의 아침 식사 문화로 자리매김하게 된다.

사람과 사람의 묘한 연결 고리

·

카페 수다

1700년대까지 알코올로 홍청거리던 독일에 검은 성수가 대지를 적시고 정신을 깨우고 있었다. 17세기 후반부터 burg(城市, 성으로 둘러싸인 도시)에 사는 Bürgertum(시민, 독일의 부르주아지)들은 그들의 정신을 깨워 주고 세련된 모습을 표현해 주는 커피의 매력에 점차 빠져들었지만 프리드리히 대왕은 커피 금지령으로, 나폴레옹은 대륙 봉쇄령으로 그들에게서 커피를 앗아 갔다. 시민들은 커피가 아닌 대용품을 찾아 마시기 시작했고 진짜 커피는 아끼고 아껴 커피 잔 바닥의 꽃무늬가 보일 정도로 옅게 해서 마셨다.

독일의 남자들은 커피를 마시는 여성들을 압박했지만 여성들은 삼삼오오 모여서 커피와 함께 음식을 나누어 먹는 모임을 지금까지 전해 오는 하나의 문화로 만든다.

독일의 남녀 모두 커피의 매력에 빠져 있었지만

삼각관계처럼 질투 내고 못 만나게 했다. 하지만 커피의 매력이란 쉽게 포기할 수 있는 것이 아니었다. 수천 번의 입맞춤보다도 더 달콤한 커피를 어떻게 포기할 수 있을까.

18세기 독일 여성들은 멋지게 차려진 커피 하우스에 가서 마리 앙투아네트와 같은 기품으로 커피를 한잔하고 싶어 커피 하우스에 들어서기만 해도 이상한 눈으로 자신을 응시하는 남자들의 곱지 않은 시선 때문에 결국 커피 하우스 앞을 그냥 지나쳐야만 했다. 집에서조차 커피를 마시려 하면 아버지 혹은 남편이 무서운 시선으로 쏘아보면서 "마시면 안 돼!" 할 것만 같은 무언의 압력을 주었다. 당시 커피는 불임을 유발한다는 풍문이 나돌았기 때문이다. 이런 모든 고난을 감내하고 마시려 해도 커피는 너무 비싸거나 없어서 치커리로 만든 가짜 커피를 마셔야 했을지도 모른다.

독일의 여성들은 이에 굴하지 않고 독특한 커피 문화를 만들어 낸다. 남편과 아이들을 챙기고 난 여유 있는 오후에 친구의 집에 모여 돌아가면서 커피 모임(Kaffeekränzchen: 카페클렌첸)을 갖기 시작한 것이 독일 전역으로 퍼져 하나의 문화가 됐다.

카페클렌첸에서는 사람과 사람을 연결해 주고 정신을 깨워 주는 묘한 마력의 커피가 수다를 이끌어 내고 공간에 따뜻한 정감을 가득 채워 주었다. 그녀들은 커피를 마시는 동안 자신이 준비한 요리 레시피와 수공예품을 선보이거나 수를 놓고 뜨개질을 하면서 수다를 하곤 했는데 초대한 주인은 계속해서 커피를 잔에 채워 주었다 한다.

카페클렌첸Kaffeekränzchen은 훗날 남성들에 의해 비하되어
재잘거린다는 의성어가 어원인 Klatsch(쓸데없는 잡담)를
붙여 카페클라치kaffeeklatsch라 불렸으며 현재에도 이 전통이
커피를 겸한 다과회 정도로 남아 있다.

카페클렌첸처럼 가정에서는 아니지만 카페에서 대화를
나누는 것은 우리의 일상이다. 누군가와 대화를 하고 싶을
때 "커피 한잔할까?"라며 카페로 향한다. 이때의 '커피
한잔'이란 단어는 서로의 대화를 풀어 주는 열쇠다. 카페 문을
열고 들어서면 왠지 모를 편안함에 긴장이 풀어져 풀썩하고
의자에 몸을 떨어트린다. 그리고 받아든 커피 한 잔의 향기와
풍미, 그리고 첫 모금은 내 안에서 어둠을 싹 몰아내는 것만
같은 느낌을 주기도 한다. 이국적 향취에 빠져드는 로맨스의
시작이다.

카페클렌첸

커피는 자라나는 토양만이 가지고 있는 독특한 요소들을 가지고 있다. 흡사 와인의 테루아르terroir(프랑스어로 토양, 풍토)처럼 커피도 자란 지역의 독특한 향미를 품고 있다. 어떤 경로로 여기까지 오게 되었는지는 모르지만 커피를 마시는 내내 이국적 향취를 느낀다. 그 순간만큼은 현실에서 멀리 떨어져 커피가 자라난 그곳에 있는 듯한 착각을 불러일으킨다. 거기에 카페인이 주는 각성 효과까지 더해지면 왠지 모르게 기분이 들뜨기도 한다. 다른 사람과 함께 커피를 마시는 그 순간만큼은 현실의 여러 가지 어려움, 고민 등에서 벗어나 이야기와 커피, 그리고 모인 이들이 하나가 되는 동질감을 느낀다.

카페클렌첸의 그녀들도 그랬을까? 그녀들과도 묘한 공동체의 고리가 이어져 있는 듯한 착각에 빠진다.

커피가 만들어 낸 문명

·

카페 문명

1650년 유럽 최초의 카페가 영국 옥스퍼드Oxford 성 미카엘
골목(St Michael's Alley)에 문을 연다. 최초의 카페가 열린 후
영국 커피의 집(Coffee house)들은 하나둘씩 늘어나 1714년에
절정을 이루어 8000여 개까지 되었다. 그 사이에 커피
하우스라는 장소에선 사설 신문사, 사설 우체국, 주식 거래소
등 다양한 근대화 기구가 생겨나게 되었으며, 영국은 커피
하우스에 모인 정보를 통해 세계 최강의 국가로 거듭나는
역사적 계기를 맞이하게 된다.

영국의 커피 하우스는 '1페니 대학(Penny
universities)'으로서 모든 남성이 정보를 얻고 배우는 장소가
되기도 한다.

So great a Universitie I think there ne'er was any In which
you may a scholar be For spending of a Penny.
From News from the Coffee House, a broadside of 1677.

내 생각에는 1페니를 내고 당신이 학자가 될 수 있는
(카페만큼) 그렇게 좋은 대학은 어디에도 없다.

커피 하우스로부터 뉴스, 1677년 브로드사이드

하지만 이후 여성의 동의를 얻지 못한 커피 하우스는 급속한
쇠퇴기를 맞아 1793년에는 551곳으로 줄어들고, 근대화의
매개 장소로 역할을 다한 뒤 역사의 한편으로 물러나게 된다.

런던 최초의 커피 하우스 파스카 로제, 시민 사회에게 고하다.

레반토 상인이었던 다니엘 에드워즈Daniel Edwards는 그의 시종인
시칠리아 출신의 파스카 로제Pasqua Rosee가 끓여 주는 커피로
하루를 시작했다. 아침 커피에 행복감을 누리던 다니엘
에드워즈는 친구들이 오면 파스카 로제에게 커피를 내오게
했고, 호기심 많은 친구들에게 커피에 대한 질문 세례를 받기
일쑤였다. 알코올로 휘청거리던 사회에 커피는 신이 내려 준
음료로 여겨졌고 심지어는 알코올 중독을 치유하는 음료로
모든 이의 호기심을 자극하기에 충분한 음료였다. 이를
간파한 에드워즈는 파스카 로제를 도와 커피 하우스 'The
Turk's Head'를 오픈한다. 당시 광고 문구는 다음과 같았다.

The Vertue of the COFFEE Drink.
First publiquely made and sold in England by Pasqua

Rosee.
커피 음료의 미덕
파스카 로제에 의해 처음으로 공공을 위한 장소에서
만들고 판매.

당시 영국은 같은 계급 간의 교류만 빈번할 뿐 다른 계급과의
교류는 거의 없었다. 파스카 로제가 만든 커피 하우스는 모든
계급의 사람이 올 수 있는 공공의 장소라는 이름을 광고
문구에 명시함으로써 계급에 상관없이 즐기는 장소가 되어
갔다. 이후 영국의 커피 하우스들은 'The Turk's Head'를
모방하고 모든 계급의 시민들이 모이는 공공의 장소가 된다.

The Turk's Head의 광고

커피 하우스가 근대 신문의 모태가 되다.

17세기 영국은 네덜란드와 해상 무역으로 경쟁하고 있어 세계 각국의 정보가 절실히 필요했다. 영국 정부도 이를 자각하고 신문을 만들긴 했지만 당시 해상 무역 등의 무역 종사자에게는 도움이 되지 않는 정보로 가득했다. 그들에게 무엇보다 중요한 것은 오래된 정보가 아니라 갓 들어온 신선한 정보였기에 이에 대한 갈증으로 목말라하고 있었다.

알코올 없이 들뜬 기분으로 정신까지 맑게 해주는 커피라는 음료가 제공되고 계급과 상관없이 드나드는 커피 하우스는 이런 갈증을 해소할 수 있는 장소가 된다. 각지에서 활약하던 상인들이 커피 하우스에서 최신 정보를 공유하고 있을 즈음 이를 이용하기로 마음먹은 리차드 스틸Richard Steele은 조셉 애디슨Josep Addison과 함께 커피 하우스에서 사람들이 주고받는 흥미로운 이야기를 모아 일주일에 한 번 소식지를 발행한다.

내용은 이렇다. 각 지역의 커피 하우스에 오는 손님들은 지역 정보를 양산한다. 그러므로 각 지역 커피 하우스의 독특한 정보를 섹션화하고 거기에 '통신원 데스크'를 두어 양산된 정보들을 중앙으로 보내면, 스틸은 이를 모아 주간지 형태로 발행하는 방식으로 신문을 만들었다. 이는 근대 신문의 전형이 되었다. 섹션이라든가 통신원이라든가 하는 말들은 근대 신문을 만드는 모태가 됐다.

뿐만 아니라 문학사적으로도 획기적인 발전이 이루어졌다. 당시 문학 작가들은 작품 속 실제 대화에 대한 내용은 등한시했는데, 이 신문은 통신원에게 대화체로 써주길

권고하여 내용이 마치 옆 사람과 대화하듯 만들어졌다. 이를
통해 구어체 표현이 발전하였고, 영국 문학사가 헤럴드
루스는 문학적 내용을 구어체와 세련된 문체로 풀어내는
방법을 배운 곳이 바로 커피 하우스였다고 기록하고 있다.

이렇게 발행되었던 신문은 후에 《Tatler》라는 최초의 근대
잡지가 되었다. 런던의 로이즈Lloyd's 커피 하우스에서도 신문이
발행되었는데, 런던에서 두 번째로 오래된 신문 《Lloyd's
News》가 바로 그것이다.

One Penny 우편 제도

영국은 1678년에 국가 우편 제도를 만들었다. 하지만 배달이
안 되는 경우가 간혹 있어 당시 사람들은 국가 우편 제도를
신뢰하지 않았다. 1680년 윌리엄 도크라William Dockwra와 로버트
머레이Rober Murray는 1페니 우편 제도를 만들었다. 개인이 만든

태틀러 창립자, 조셉 애디슨Josep Addison(좌), 리차드 스틸Richard Steele(우)

사설 우편 서비스였다. 로버트 머레이는 우편의 거점으로
커피 하우스를 선택했다. 꽤 많은 커피 하우스가 생기고 있을
때였기 때문에 거점별로 장소를 마련하는 것은 그리 어렵지
않았다.

　방식은 우편 제도를 시행하는 커피 하우스에 걸려 있는
자루에 보내고 싶은 주소를 적은 편지나 배달할 물품을 넣어
놓으면 어느 정도 모였을 때 배달하는 형태였다. 이 제도를
통해 각 지역으로 편지뿐만이 아니라 커피 하우스의 신문이나
소식지도 전달되었다. 해외 우편도 이와 비슷하게 세계
각지의 커피 하우스를 거점으로 전송되었다.

　이 우편 제도가 사람들에게 좋은 제도로 인식되어 가던
1683년 영국 우정성도 이 방식을 도입하고 거점별로 우체국을
마련하는 한편 특정 커피 하우스를 지정해서 시행했다.
사람들의 소식은 커피와 함께 각지의 커피 하우스에 전달되어
서로의 소식을 공유하게 됐다. 우정성은 이후 1799년 해외
우편에서 커피 하우스를 배제하고 독자적인 특정 우체국만을
제도에 편입시켰고, 영국 내 우편은 그로부터 한참 후인
1840년에야 커피 하우스를 배제시킬 수 있을 정도로 커피
하우스의 우편 제도는 단단하게 남아 있었다.

돈이 모이는 커피 하우스

1690년 영국의 국가 주식 거래소 로열 익스체인지Royal
Exchange가 설립되었다. 하지만 모든 주식 거래를 처리하기엔
공간이 턱없이 부족했기 때문에 확장된 공간이 필요했다.
1697년 이런 공간적 한계를 극복하기 위해 부심하던 차에

The TATLER.

Numb. 1

By *Isaac Bickerstaff Esq.*

Quidquid agunt Homines nostri Farrago Libelli.

Tuesday April 13. 1709.

윌스 커피 하우스
예술과 오락거리

화이트 커피 하우스
요즘 유행하는 문화

성 제임스 커피 하우스
동양 문물 소개

근대 신문의 원형이 된 태틀러

1680-1682년까지 쓰였던 포스트 스탬프

근처의 조나단 커피 하우스와 협약을 맺고 부족한 공간을 커피 하우스로 확장하기에 이른다. 증권 전문가까지 고용하여 고객의 상담에 응하고 조언을 해주는 편의까지 제공하는 곳으로 자리를 잡게 된다.

타워 거리에서는 선원과 여행자를 상대로 커피 하우스를 운영하던 에드워드 로이즈Edward Lloyd가 1688년 롬바르드로 커피 하우스를 옮긴 후 로이드 뉴스를 발간하는데, 여기엔 보험 가입을 희망하는 선박의 리스트가 있었고 로이드는 현재 세계 최대의 보험 회사가 되는 기반을 이때 마련하게 된다.

주식과 보험이라는 금융 제품까지 커피 하우스에서 시작하게 된 것을 보면 당시 커피 하우스에 모여든 남성들의 수다로 얻어지는 최신의 정보가 영국 근대화에 큰 영향을 미쳤던 것으로 보인다.

효능으로 종교 제의에 영향을 미쳐 민초들의 삶에 파고들었던 커피와 카흐베하네 문화는 영국에 와서 공공장소 역할을 하고 사람들의 삶을 평등하고 자유롭게 바꾸는 장소로 거듭났다. 하지만 영국의 커피 하우스는 1714년 8000개를 정점으로 내리막을 걷게 된다. 가장 큰 이유는 생업에 종사해서 가정 경제에 보탬이 되어야 하는 남성들이 커피 하우스에서 수다를 떨기만 하는 것으로 인식한 여성들의 반발에 의해서다. 영국 여성들은 강력한 반기를 들고 남성들이 커피 하우스에서 각자의 자리에 돌아가길 촉구했고 여성들에 의해 새롭게 각광을 받은 수다 장소인 홍차 파는 티 카페가 성업을 이루면서 영국은 이른바 홍차의 나라가 되어 간다.

다른 이유로는 특정한 분야의 사람들이 모여든 커피 하우스는 관련 없는 사람들은 들어오지 못하는 클럽 형태로 변화되거나 회사의 형태로 변화됐기 때문이다. 점차 음료 중심의 커피 하우스에서 음식과 함께 커피를 마시는 식사 위주의 클럽으로 바뀌었고 18세기 말에 이르러서는 클럽의 수가 이전의 커피 하우스의 수만큼 늘어났다고 한다.

영국의 근대화를 촉발했던 커피는 이제 주인공이 아닌 조연의 입장으로 돌아가 새로운 식음료 문화의 부분이 되어 갔다.

로이즈Lloyd's 커피 하우스의 거래실(Subscription Room)

나라를 뒤흔든 커피 한잔

·

카페 혁명

검은 물결이 유럽 대륙을 적시며 술에 취해 있던 유럽인들도 서서히 깨어나고 있을 무렵 오스만 튀르크는 속내를 드러내지 않은 채 유럽 대륙을 향해 군침을 삼키고 유럽 침탈을 위한 두 번째 그림을 그리고 있었다. 첫 번째 빈 함락(1529)이 실패로 돌아가고 150여 년 만에 다시 용기를 내고 있었다.

오스만 튀르크의 술탄은 1669년 7월 프랑스 파리로 대사 한 명을 파견한다. 대사의 이름은 솔리만 아가Süleyman Ağa. 주어진 임무는 오스만 튀르크 군이 합스부르크의 본산 빈으로 향할 때 프랑스가 원군을 보내지 않도록 불가침 조약을 받아내기 위함이었다. 솔리만 아가가 파리에서 보낸 6개월은 새로운 파리 커피 상점의 원형이 잉태되는 기간이 된다.

프랑스 로코코와 오스만 튀르크의 신비주의의 싸움

루이 14세Louis XIV를 만나기 위해 궁에 들어가려 하는 솔리만 아가와 수행원들을 보초가 막아섰다. 수행원이 감히 왕의 얼굴을 본다는 것은 무례한 행위라는 것이 이유였다. 선물 등 짐을 들고 가는 최소 인원만 통과가 허락됐다. 대사는 최소 수행 인원과 궁 안으로 들어갔다. 문이 열리고 눈앞에 펼쳐진 광경은 천상인지 지상인지 착각을 불러일으킬 정도로 화려했다. 벽은 그림이나 부조로 가득 차 있었고 가구는 모두 은으로 만들어져 있었다. 화려함의 으뜸은 신하들에게 둘러싸인 루이 14세. 그의 옷은 다이아몬드 등 보석으로 칠갑을 하고 살짝 움직이기만 해도 광채가 날아와 대사의 눈에 꽂혔다. 루이 14세의 옷은 당시 1400만 리브르(약 100억 원)였다고 하니 대사와의 만남에 무척 공을 들인 모양이다. 그를 둘러싼 신하들의 옷도 만만치 않았다. 이른바 프랑스

루이 14세와 오스만 튀르크 귀족의 소박한 무명옷

로코코Rococo의 사치스러움과 화려함이 눈앞에 펼쳐진 것이다. 루이 14세 앞에 선 솔리만 아가는 소박한 무명옷을 입고 대조를 이루며 초라하게 서 있었다. 그가 가져온 커피 기구를 꺼내기 전까지만 해도 그랬다.

솔리만 아가의 신하가 들고 온 황금색의 이브리크ibrik엔 김이 모락모락 나고 있었다. 이브리크에서 다이아몬드가 박힌 자르프zarf에 옮겨지는 음료는 검은빛이었다. 그 향은 세상 어느 것도 흉내 내지 못할 만큼 좋았다. 루이 14세에게 전해진 음료는 중국에서 만들어진 듯한 귀한 도자기에 담겼다. 당시로는 보기 드문 물건으로 귀한 향을 가진 커피까지 대접한 후 솔리만 아가는 자리에 앉아 당당한 자세로 이야기를 나누기 시작했다.

사치스러움과 화려함의 극치 프랑스 로코코와 소박함 속에 숨어 있는 오스만 튀르크 신비주의의 말 없는 싸움이었다.

빠르게 세력을 확장하고 있는 이교도 나라에 눌리고 싶지 않았던 루이 14세와 루이 14세의 의중을 알아내고 싶었던 솔리만 아가는 찜찜한 대화만 주고받았을 뿐 서로 얻는 것은 없었다.

솔리만 아가는 그날 이후 자신의 집으로 귀족들을 초대하기 시작한다. 궁정에 드나드는 귀족들로부터 왕의 속내를 알아내기 위함이었다. 초대한 귀족들이 방문하면 향기로운 목재로 꾸며진 방으로 안내되었다. 벽은 반짝이는 타일로 장식되어 있고 바닥은 오스만 튀르크의 값진 카펫이 깔려 있었다. 벽면 한쪽은 종유석으로 꾸며져 있었으며

이브릭과 자르프

커피를 대접받는 귀부인
(그림: 카를 반 로오Carle Van Loo)

천장은 아름다운 무늬를 가진 반구형으로 시선을 한쪽으로 사로잡았다. 그것도 모자라 머리 위는 온통 비단 천으로 드리워져 있었고 바닥에선 그 귀하다는 몰약이 타며 후각을 사로잡았다. 오감이 마비된 듯 동방의 모습에 젖어 들 때쯤 한쪽에서 신비로운 향긋함이 퍼지며 튀르크 의상을 입은 흑인 노예가 이브릭을 들고 나타난다. 그리고 손님 옆에 공손히 앉아 커피 접대를 한다.

대사는 손님들에게 마음씨 좋은 얼굴로 푹신한 쿠션을 가리키며 기대어 누우라 권한다. 의자 생활을 하던 그들에게 푹신한 쿠션에 반쯤 누운 자세는 세상을 다 가진 듯한 만족감마저 주었다. 사실 손님들에게 무엇보다 더 만족스러운 건 후각을 자극하는 커피와 함께 곁들어진 설탕이었다. 한 모금 마시면 고소한 향과 함께 입 전체를 흐르는 달콤한 맛은 오스만 튀르크의 신비한 흥취를 더욱 북돋아 주었다.

> 화려한 이슬람 복장의 흑인 노예들이 달걀 모양의 작은 잔에 최상급 모카 커피를 담아 무릎을 꿇고 대접을 한다. 향이 좋고 뜨겁고 강렬하다. 노예들은 커피 잔을 금 접시와 은 접시에 올렸는데 그 아래로는 섬세한 금빛 무늬의 실크 냅킨을 깔았다. 온갖 좋은 것들로 치장한 귀부인들은 찻잔을 들고 점잖은 척 부채질을 하며 심각한 표정을 지었고 모락모락 김이 올라오는 커피를 마셨다.
>
> 아이작 디스레일리Isaac D'Israeli, 문학의 호기심

신비와 커피에 취한 이들은 자기들이 알고 있는 것을

대사에게 털어놓았고, 솔리만 아가는 오스만 튀르크가 합스부르크를 상대로 전쟁을 일으켜도 루이 14세가 움직이지 않을 거란 것을 알았다. 퍼즐이 맞춰지자 솔리만 아가는 초대를 기다리는 귀족들이 남아 있음에도 그들을 뒤로하고 술탄에게 보고하기 위해 귀국길에 올랐다.

오스만 튀르크 대사가 남긴 달콤한 희망

대사가 고국으로 돌아간 뒤 파리에서는 한동안 대사의 거처에서 행해지던 신비로운 커피 접대에 대한 후일담이 귀족뿐 아니라 서민들에게도 퍼져 나가게 된다. 대사와 함께 마셨던 설탕을 곁들인 커피는 그들 모두에게 향긋한 기억과 달콤한 유혹으로 남게 된다.

2년 후인 1672년. 예상보다 빠르게 커피는 파리 사람들에게 평등하게 퍼지기 시작한다. 생 제르망St. Gemain 시장 광장에 최초의 카페가 아르메니아인 파스칼Pascal에 의해 개점된다. 박람회장에 간이로 만들어진 판매대라서 정식 카페는 아니었지만 콘스탄티노플의 카흐베하네를 모방해서 만들어졌다.

파스칼은 중간 상인을 배제하고 자신이 직접 커피 무역상으로부터 원두를 구매했기 때문에 저렴한 가격에 커피를 판매할 수 있었고 호기심과 갈증으로 목말라하던 소시민들도 몰려들게 되었다.

용기를 얻은 파스칼은 박람회가 끝나고 케 드 레콜Quay de l'Ecole 거리에 정식으로 가게를 오픈했지만 곧 파산하기에 이른다. 저렴한 가격을 유지하기 위해 커피에 층층나무 열매와 도토리를 섞어 맛이 없어진 데다가 저렴한 가격으로 인해 터키 대사가 남겼던 귀족적인 신비감이 사라졌기 때문이었다.

파스칼의 카페는 허무하게 사라졌지만 거리에서 커피가 사라진 건 아니었다. 1690년 크레타섬 출신 칸디아Condiot는 하얀 앞치마를 두르고 바구니를 배 쪽으로 고정하고는 커피 주전자를 들고 행상을 나서서 "커피요" 하고 소리치며 다녔고 그 소리를 듣고 컵을 들고 나온 손님에게 커피를 따라 주면서 장사를 했다.

하지만 파리에서 카페가 성공하기 위해선 커피 외에 다른 것들이 필요했다. 이런 사실을 직감한 사람이 프로코피오 콜델리Procopio de Coltelli였다. 그는 사람들이 편안하게 느낄 수 있는 공간과 불특정 다수의 사람들이 모여서 교류할 수 있는 카페를 1686년 오픈한다. 테아트르 프랑세즈Le Théâtre-Française 맞은편에 오픈한 그곳은 카페 프로코프Cafe Procope로 최초의 순수 유럽식 카페다. 이 카페로부터 18세기 모든 카페가 유래되었다고 해도 과언이 아니다.

파리를 일깨운 검은 물결

카페 프로코프의 단골 중엔 미국의 벤자민 프랭클린Benjamin Franklin도 있었다. 벤자민 프랭클린은 1776년 주불 대사로 파견되어 프랑스와 공수동맹攻手同盟을 맺는 등 미국 독립에 결정적인 역할을 한다. 프랑스는 미국 독립 전쟁(1775–1783)에 지원한 과도한 군사비로 재정난에 빠지고 시민 계급은 미국 독립 전쟁을 보며 자유를 각성했다. 카페 프로코프는 벤자민 프랭클린의 미국 독립을 위한 행보를

커피 파는 파리의 길거리 행상

카페 프로코프

응원함과 동시에 프랑스 혁명의 근원지 팔레 루아얄 카페의 유래가 되었다는 묘한 연결점이 생기는 곳이다. 1790년 벤자민 프랭클린이 죽자 카페 프로코프는 조기를 내걸기도 했다.

오스만 튀르크 대사의 신비로운 커피 대접을 경험한 베르사유의 귀족 부인들은 동양의 정취에 마음을 빼앗기고 가슴 떨리는 경험을 다시 하고 싶었는지 삼삼오오 모여 성대한 카페 모임을 개최했다. 마리 앙투아네트도 마를리 성에서 카페 모임을 열고 부와 권력을 뽐냈다. 마리 앙투아네트의 카페 모임은 너무도 사치스러워 그녀를 비난하는 내용의 팸플릿이 팔레 루아얄의 거리에 나돌기 시작했다.

이 시기에 팔레 루아얄 거리는 전에 없이 생동감이 넘쳐났다. 사람들이 몰려나와 커피 행상에게 커피를 사 마시면서 이야기꽃을 피웠고 여유가 되는 사람들은 카페로 들어가 이야기를 나눴다. 영국과 달리 여성들도 출입했기에 카페 안은 남녀노소 불문하고 평등하게 모여 얘기를 나누는 장소가 된다. 1761년 이후 20년간 폭등한 빵 값과 1787년 이후 거듭된 흉작으로 프랑스 전체 인구 85퍼센트를 차지하는 농민은 강한 불만을 갖는다.

국민의 거의 대부분을 차지했던 제3신분(도시민, 농촌인) 시민들은 카페에서 뉴스를 듣고 이야기와 토론을 나누고 비판하는 것이 일상이 된다. 유례없는 카페 호황에 거리엔 새로운 카페가 하나둘씩 퍼지고 있었고 카페마다 다른 성향의 모임이 생긴다.

팔레 루아얄의 정경

시민들에게 공격받는 바스티유 감옥
(그림: 장 피에르 루이스 로랑 올Jean-Pierre-Louis-Laurent Houel)

카페 데 아뵈글Café des Aveugles에서는 눈먼(Aveugle) 악단이 나와 무능한 왕정을 비꼬았고, 카페 베르Café vert는 원숭이를 훈련시켜 귀족들을 간접적으로 비난했다. 그중에서 카페 드 포아Café du Foy를 드나드는 단골은 가장 과격한 사람들이었다. 예나 지금이나 카페의 정체성은 단골들에 의해 만들어지는가 보다. 이런 분위기에 한몫했던 단골들은 파리 이외 지역에서 온 지식인, 일거리 없는 변호사, 그리고 의사, 문인, 배우 등이었다. 그들은 한번 논쟁을 시작하면 그칠 줄을 몰랐고 언성이 높아지는 것은 물론이고 서로 욕지거리를 하며 싸워 대기도 했다. 절박한 그들이기에 불만의 목소리도 점점 커졌는데 급기야 1789년 7월 12일 카미유 데뮬렝(Lucie Simplice Camille Benoist Desmoulins)은 팔레 루아얄에 있는 카페 드 포아의 탁자 위로 뛰어올라 찢어진 나뭇잎을 자신의 모자에 붙이고 군중을 향해 외쳤다.

"귀족에 대항해서 무기를 잡자!"

이틀 후 7월 14일 아침, 파리 시민은 혁명에 필요한 무기를 탈취하기 위하여 바스티유 감옥을 습격했고 이 사건은 혁명의 도화선이 되어 군주제를 뒤엎는 시작이 되었다.

창의가 싹트는 자궁 공간

·

제3의 공간

미국의 사회학자인 레이 올든버그 Ray Oldenburg(1932–)는 «제3의 장소(원제: *The Great Good Place*»(1989)에서 시민 사회의 제3의 공간에 관해서 이야기한다.

(좌) *The Great Good Place*
(우) 레이 올든버그

제1의 공간은 가장 기본적인 삶의 공간이며 휴식을 제공해 주는 곳으로 '집'이다. 제1의 공간은 19세기에 정립되었다. 1960년대 제2의 공간이 등장하는데 바로 '직장'이다. 직장은 근로 의욕을 불러일으키는 또 하나의 거주 공간으로 정의되었다.

레이 올든버그가 주장한 제3의 공간은 제1의 공간과 제2의 공간의 중간에 위치하고 대중이 모이는 공간이지만, '나'의 공간인 것처럼 편안하고 또 다른 즐거움을 안겨 주는 곳이다. 제3의 공간에서 '나'는 타인과의 대화를 통해 '나'의 정체성을 확인하기도 하고 생각을 정리하며 나만의 시간을 보낼 수도 있다. 한국의 건축가 김수근도 1970년대 생활 공간과 작업 공간 외에 궁극의 공간이 필요하며 이곳은 사람들이 명상과 더불어 창작을 하는 '자궁 공간'이라 했다.

"맹렬히 키보드를 두드리거나 냅킨 위에 아이디어를 끼적이는 그들 중 한 명이 제2의 구글이나 페이스북을 만들어 낼 수도 있고 혹은 멋진 소설이나 음악을 재탄생시킬지도 모른다." 스타벅스 창립자 하워드 슐츠가 자신의 두 번째 책 《온워드*Onward*》에서 한 말이다.

제3의 공간이 될 수 있는 곳에는 카페도 포함되어 있다. 물론 모든 카페가 올든버그의 조건을 완벽히 충족시키는 것은 아니지만, 카페라는 공간은 제3의 공간이 될 수 있는 태생적 특징을 가지고 있다.

앞서 언급했듯이 카페에서는 새로운 문명이 탄생했고 혁명까지 일어났다. 문학가들과 예술가들이 모여 새로운 문화를 이야기하고 시민 계층 부르주아지가 성숙해졌으며 혁명으로 나라를 뒤흔드는 교두보가 되었던 장소인 카페 혹은 커피 하우스는 정신을 깨우고 대화를 끌어내는 마력을 지닌 커피로 깨인 사람들이 새로운 생각과 창의를 소통하며 시대를 이끌던 곳이었다.

제3의 공간의 특징과 카페를 대비해서 보면 재미있는 사실 몇 가지를 찾을 수 있다. 첫 번째로 제3의 공간에 모인 사람들의 주된 활동은 '대화'라고 한다. 더 설명하지 않아도 카페란 곳은 대화가 만발한 곳이 아닌가. 올든버그는 제3의 공간은 평등한 공간이기 때문에 경제적, 사회적 지위가 중요하지 않고 서로의 공통점을 느끼는 공간이라 말했다. 당시 유럽의 카페들은 엄혹했던 신분 체계가 있었음에도 신분의 높고 낮음 없이 모든 사람이 모일 수 있었던 곳이란 기록들이 공통적으로 남아 있다. 다양한 계층의 사람들이 모두 모여 신분이니 위계니 다 없애고 대화하다 보니 서로 가지고 있는 공통점을 느낄 수 있었던 모양이다. 공통적인 문제를 찾아 해결하다 보니 더 나은 문명의 이기가 카페에서 탄생했고 공통적인 불만을 이야기하다 보니 혁명이 탄생할 수 있었다.

굳이 먼 옛날이야기를 하지 않아도 카페에서의 경험을 생각해 보면 이해가 쉽다. 그곳에서는 시끌벅적한 대화와 함께 음악이 흐른다. 한쪽에는 노트북이나 공책을 열고 일하는 사람, 그림 그리는 사람, 커피를 음미하는 사람, 멍하니 앉은 사람, 그리고 살피다 보면 서로 눈이 맞아 겸연쩍어 하는 사람 등 카페는 사람들 각자의 독특한 색깔로 채워진다. 저마다 자신의 일에 집중할 때 그들 모두에게 주변 소음은 백색 소음이 된다. 그리고 다시 눈을 돌려 주위를 둘러보면 낯설었던 사람들이 친근하게 느껴진다. 누구도 날 건드리지 않지만, 누구나 나를 건드리는 그곳에선 '나'를 알아보기가 더 쉬워진다.

누가 가라고 떠미는 것도 아닌데 직장이나 집을 나서면 블랙홀에 빨려 들어가듯 나의 발걸음이 향하는 곳은 제3의 공간인 카페다. 어떤 이유 때문인지 알 수 없지만 카페라는 공간이 커피라는 음료보다 높은 가치를 받고 있다. 커피의 맛이 크게 차이가 나지 않는다면 사람들은 공간이 자신에게 편안한지 살펴보고 카페를 선택한다. 공간이 가져다주는 편안함이 카페의 존재 이유인 커피 음료의 가치를 앞서는 대목이다.

이제 커피의 반격이 시작된다. 공간이 주는 매력은 기본이 되고 커피의 맛과 품질이 중심이 된다고 생각하는 커피 전문가들이 목소리를 내고 있다. 벌써부터 시작됐고 이미 진행 중이며 앞으로 더욱 심화될 것이라는 '제3의 커피 물결'이 쓰나미가 되어 제3의 공간 '카페'를 덮칠 날이 얼마 남지 않았다.

카페의 진화사

술 없는 선술집, 카흐베하네

15세기말 예멘에서 사람의 손으로 다시 태어난 커피는 와인을 금지한 이슬람에서 와인을 대신해 종교와 밀접한 관계를 맺으며 16세기 초에는 메카와 메디나 등의 성지와 이집트 카이로의 모스크 등에서 흔히 볼 수 있는 음료가 되었다.

오늘날 터키라 불리는 오스만 튀르크의 도시 이스탄불Istanbul엔 1554년 하쿰Hakm과 샴스Shams라는 시리아 인이 커피를 판매하는 곳을 열었다. 이렇게 시작한 '커피의 집'은 슐레이만 2세의 치세 시기(1566–1574)까지 600곳이 넘게 생기게 된다. (최초의 커피 하우스는 1475년에 생겼다는 설도 있다.)

터키의 '커피의 집'은 이후 유럽의 카페나 커피 하우스의 문화에도 영향을 끼쳤고 여기에 유럽인들의 흥취를 더한 각국의 색다른 '커피의 집'이 생겨나게 된다. 한 문화가 다른 문화를 만나 새로운 카페가 생겨났지만, 유럽의 '커피의 집'에 이슬람적인 모습이 완전히 사라진 것은 아니었다.

후에 카페라고 불리게 될 터키의 '커피의 집' 카흐베하네Kahvehane는 그 어원부터 흥미롭다. 카흐베하네는 터키어로 '커피 선술집'이다. 원래 hane는 캐러밴Caravan과 비이슬람인을 위한 뒷골목 여관이자 선술집이었다. 이슬람 종교를 가진 사람들에게 알코올을 마시는 것은 금기였기 때문에 이곳은 외지인의 공간이었고 신을 믿지 않는 이들의 공간이었다.

신을 믿는 이들은 자신의 집에서 가족과 함께 지낼 뿐이어서 밖에서의 교류가 없었다. 이런 부자유로 결핍을 느낄 때쯤 와인이 범국가적으로 금지가 된다. 그 역할을 대신하여 등장한 것이 커피였다. 이슬람 신비주의 '수피'에 의해 숭앙받고 종교 제의에 음용되어 오던 음료는 선술집에도 그 모습을 드러내기 시작하다가 와인이 금지된 이후로 선술집의 중심 메뉴가 된다. 이슬람을 믿는 이들이 선술집에 드나들 수 있는 명목이 생긴 것이다.

엄밀히 말하면 1554년 하쿰과 샴스에 의해 만들어진 곳에서 시작하여 모든 선술집에 이르기까지 커피는 종교인뿐만 아니라 일반인도 마실 수 있는 음료가 되고 있었다. 게다가 수피에 의해 종교적 정당성과 확실성을 인정받은 덕분에 이슬람의 성지나 모스크로 가는 순례자 길에는 수많은 카흐베하네가 들어서게 되었다.

타지에서 온 순례자들은 이국적인 이 음료에 매료되어

자신의 친구와 가족에게 맛보이기 위해 고향으로 돌아갈 때 가져가기도 했다. 순례는 다른 지역 신기한 상품들의 수송 통로이자 정보 전달 통로가 되어 커피와 커피에 대한 정보는 이 길을 따라 순례자들과 함께 확산되기 시작했다. 그 신비한 효능과 전해져 오는 이야기들은 성지의 신비로운 성수로 묘사되곤 했다. 소문은 이슬람을 건너 유럽으로 퍼졌다. 카흐베하네의 소식을 전해 들은 유럽인들은 새로운 커피 세상에 눈을 뜨게 된다.

이스탄불의 카흐베하네는 신분에 상관없이 사람과 사람들이 삼삼오오 모여 알코올에 절지 않은 말짱한 정신으로 대화를 나누는 곳이 되었고 16세기 역사학자 이브라힘 페체비Ibrahim Pacevi는 "사람들이 놀고 쉬기에는 이만한 곳이 없다."라는 말을 기록으로 남기기도 했다. 그곳에선 사람들이 게임을 즐기고, 그날의 따끈따끈한 소식을 교환했으며, 노래하고 춤을 즐기며 음악을 짓기도 하였다. 불특정 다수의 사람들과 만나서 교류할 수 있게 된 카흐베하네는 정계의 고위직뿐만 아니라 종교계의 권위자도 드나들었으며, 특히

1905년 이스탄불의 카흐베하네 풍경

학자와 시인이 모여드는 '인식의 학교'로 점차 자리매김을 하고 있었다.

이런 이유로 신분제에 얽매어 있던 유럽인들이 이국적인 나라의 신비로운 장소 카흐베하네를 바라보며 부러움과 더불어 묘한 감정이 일었음은 분명하다. 특히 상인들은 이런 정보를 가장 먼저 접한 이들이었으며, 신분제에 의해 돈은 많지만 낮은 계급으로 분류되었으니 그들에게 커피란 이데아로 가는 지름길처럼 느껴졌을 것이다.

16세기의 오스만 튀르크는 안정된 정치 상황을 구가하고 있었고, 이런 환경은 레반토 상인들을 불러들이게 된다. 레반토Levanto의 어원은 프랑스어와 이탈리아어의 '해가 뜬다'라는 뜻을 가진 lever, levare에서 유래해 그 의미가 '동쪽에 있는 나라'라는 뜻이다. 후에 이를 Levant로 불렀고, 지중해를 통과하는 동방 무역을 했던 상인들을 지칭했다. 동방의 신기한 물건을 지중해를 통해 유럽으로 실어 나르는 것이 그들의 주된 사업이다. 레반토 상인 중 영국의 모직물 무역을 위해 1600년 설립된 레반토 회사는 근대에 등장하게 되는 주식회사의 원형이다.

레반토 상인들은 커피와 카흐베하네에 사로잡히게 되었고 자기 나라의 문자에 맞춰 '카와'라는 이름으로 기록하기 시작했을 것이다. 그들은 커피를 '이슬람의 와인', '레반토의 리큐어'라고 표현하며 유럽으로 커피를 확산시키기에 이른다.

이국적인 이슬람의 음료가 된 커피는 이렇게 유럽으로 번져 가고 있었고, 카흐베하네 문화도 이런 흐름을 타고 유럽으로 점점 전파되게 된다.

세상에서 가장 아름다운 응접실, 카페 플로리안

커피가 순례자 혹은 아랍을 방문한 사람들에 의해 유럽으로 들어온 것은 오래전이었지만, 유럽에 최초로 선적된 커피가 들어온 곳은 1615년 베네치아(영어: Venice, 이탈리아어: Venezia)였다. 이때 베네치아에 커피를 들여온 것은 레반토 상인들이었다.

16세기에서 17세기 소아시아와 고대 시리아 지방의 동지중해 연안은 오스만 튀르크 제국에 의해 통일되고 안정된 치세를 기반으로 상업 활동이 활발히 이루어졌는데 이 지역에서 가장 활발하게 활약했던 유럽의 상인들이 레반토 상인이었다.

레반트의 길거리 커피 상인, 1714.

레반토 상인들에 의해 이동된 커피는 다소 복잡한 경로를 통해 베니스로 전달되었다. 메카 근교에서 재배한 커피가 배편으로 수에즈까지 가고, 수에즈에서 낙타를 이용해 알렉산드리아까지 옮겨졌다. 이집트에서는 이집트의 상인들이 운영하는 창고에 보관했다가 베네치아 상인이 오는 시즌에 베네치아로 옮겨졌다.

베네치아 상인들은 베네치아와 사업 거래가 가장 왕성했다. 하지만 커피 무역 초기에 상인들에겐 어려움이 하나 있었다. 그들은 대량으로 들여온 물건의 가격 수준 차이로 자신의 사업을 이어 나갈 수 있었는데, 커피는 유럽에선 아직 이렇다 할 이미지가 만들어지지 않고 있어 판매가 부진했던 것이다.

아랍에서는 이슬람 신비주의에 의해 '검은 잠잠Zamzam 성수'로써 종교적 제의와 함께 급속도로 퍼졌지만 유럽에선 커피가 이런 식으로 소개되어 봐야 별로 반응이 없을 것이란 건 불을 보듯 훤한 사실이었다. 당시 유럽은 알코올(특히 맥주)로 휘청거렸다. 하루 소비량이 아이들을 포함해 한 사람당 3리터 정도였다고 하니 실로 어마어마한 섭취량이다.

이에 착안해 상인들이 흥청거리는 사회에 반문을 던지며 만들어 낸 커피의 이미지는 '이성의 리큐르' 혹은 '안티알코올'이다. 술 같은 음료지만 알코올이 없고 술과 같은 각성 효과는 있지만 이성을 잃을 정도가 아니라 오히려 이성을 일깨우는 음료라고 소개한 것이다. 알코올 뒤에 숨어 사회를 비관하기보다는 알코올은 아니지만 비슷한 효과를 주는 비알코올 음료로 시도 때도 없이 휘청거리는 사회의

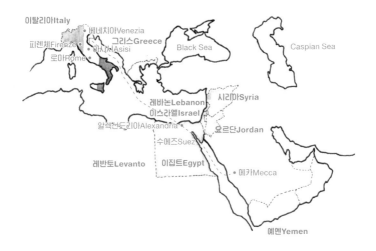

메카에서 이탈리아로 향하는 커피의 이동 경로

문화와 관습을 바꾸어 보자란 말을 하고 나선 것이다.

베네치아로 들여온 커피가 처음부터 카페에서 판매되었던 것은 아니다. 초기엔 레모네이드 가게에서 판매되었다. 아랍의 화려한 규모의 카흐베하네의 소식은 들었지만 아직 이 음료가 사람들에게 사랑받을 수 있을지는 미지수였기 때문이었다. 그러다가 플로리아노 프란체스코니Floriano Francesconi가 1720년 베니스의 산마르코 광장(Piazza San Marco) 아케이드 밑에 '알라 베네치아 트리온판테Alla Venezia Trionfante'라는 이름의 카페를 연다. 의미는 튀르크와의 전쟁에서 이긴 베네치아 공국의 승리를 표현했다. 하지만 이 이름은 얼마 지나지 않아 주인장의 베네치아식 이름 '플로리안Florian'으로 개칭된다.

카페 플로리안은 다른 카페와 달리 여성의 출입이 가능했다. 그래서인지 베네치아의 호색한 카사노바는 이 카페를 들락거렸다고 한다. 카사노바뿐 아니라 괴테, 찰스 디킨스, 나폴레옹 등 유명 인사들의 단골 카페이기도 했다. 카페 플로리안의 공간은 특이한 구성을 가지고 있었다. 설계 당시에 따로 두 개의 공간을 두어 설계하고 그중 하나의 방에는 '저명인사의 방'이란 이름을 붙였고, 방에는 유명한 베네치아인의 얼굴을 담은 그림을 걸었다. 다른 하나는 원로원의 방(Sala del Senato)으로 과학과 예술이 주제인 그림들이 걸려 있었다. 18세기 중엽에 추가된 계절의 방(Sala del Stagioni)은 여성의 모습으로 계절을 표현했고, 동양의 방(Sala Orientale)은 극동 지역의 이국적 여인이 표현되어 있었다. 20세기 초에 추가된 자유의 방(Sala Liberty)은 전 세계적으로 신분 체제로부터의 자유, 식민지로부터의 자유에 대한 갈망을 표현했다.

여성 셰프와 웨이트리스가 손님을 맞았고 특별한 손님이 왔을 땐 단추 구멍에 꽃을 꽂고 극진히 응대했다. 안내를 받고 방에 들어서면 벽난로로 훈훈해진 그곳에 그들의 지인들이 미소로 반겨 주니 이만큼의 환대가 또 있을까?

"세상에서 가장 아름다운 응접실."

플로리안의 공간이 손님을 접대하고 만나는 저택의 응접실을 연상시켰음을 나폴레옹이 한 말로 알 수 있다.

베네치아를 시작으로 커피를 판매하는 카페는 이탈리아 전역으로 퍼졌고 18세기 말까지 카페가 가장 많았던 곳은 피렌체라고 한다. 이탈리아인들에게 카페는 '상하 계급에 상관없이 커피 한 잔 값이면 하루 종일이라도 지낼 수 있었던 평등한 공간'으로 사람들에게 많은 사랑을 받았다.

이렇게 들어온 이탈리아의 커피 문화는 이후 에스프레소

카페 플로리안의 모습

머신의 보급과 함께 독특한 바 형태의 모습이 갖추어지면서 이웃들이 함께 마시며 환담을 나누는 만남과 대화의 공간 문화로 자리 잡혀 갔다.

세계적인 카페 브랜드 스타벅스

1983년 이탈리아 밀라노에서 열리는 국제가정용품 전시회에 참석한 스물아홉 살의 하워드 슐츠는 밀라노 산책길에서 작은 에스프레소 바를 만난다.

"그가 금속 막대를 밑으로 누르는 순간 스팀이 '쉬익' 하고 커다란 소리를 내면서 빠져나갔다. 그는 카운터에 서 있는 세 사람 중 한 사람에게 도자기로 만든 데미타세에 에스프레소를 담아 건넸다. (중략) 내내 고객과 즐거운 대화를 나누던 바리스타는 너무나도 우아하게 움직였기 때문에, 마치 커피 원두를 갈고 에스프레소를 뽑아내고 우유를 데우는 일을 동시에 하는 것 같았다. 매우 인상적인 장면이었다."

하워드 슐츠는 이탈리아 카페의 경험에서 신비와 로맨스를 느낀다. 카페에서 느끼는 신비와 로맨스로 카페와 손님 간에 강력한 유대 관계가 형성된다는 것을 몸소 체험했다. 그리고 사람들에게 편안하게 모여 공감대를 형성할 수 있는 장소에 대한 욕구가 있다는 것을 느낀 그는 이탈리아 에스프레소 문화를 그대로 옮겨 가기로 마음을 먹는다.

1987년 8월 하워드 슐츠는 스타벅스를 인수한다. 1971년 설립돼 원두 사업을 중점적으로 하던 것에서 벗어나 새로운 모습의 카페 브랜드로 거듭나기 시작한다.

커피 전문가들은 스타벅스라는 브랜드의 시작이

커피업계에 제2의 물결이라고 말한다. 스타벅스와 하워드 슐츠의 만남은 커피 역사상 그만큼의 의미가 있다.

하워드 슐츠는 스타벅스 카페 공간을 위한 기준으로 올든버그의 제3의 공간 개념을 선택한다. 직장이나 집에 대한 관심을 잊고, 쉬며 이야기할 수 있는 비공식적인 공공장소, '고독한 군중'을 위한 제3의 장소. 하워드 슐츠는 이탈리아 에스프레소 바와 제3의 공간 개념 사이에 묘하게 일치하는 점들을 찾아내고 부분이지만 스타벅스에 적용시켜 갔다.

매뉴얼이 아닌 공간 개념을 중심으로 한 기준은 스타벅스의 카페 공간 설계에 유연성을 더해 줬다. 모여서 대화를 나눌 수 있는 의자와 테이블은 2인, 4인, 5인 이상으로 나누어 배치되었다. 후에 사람들의 삶의 방식에 따라 1인이 앉을 수 있는 테이블이 늘어났고, 모바일 기기를 사용하는 사람들이 늘어남에 따라 테이블에 전원 시설을 갖추어 놓는 등 공간과 기물의 배치가 변화해 가고 있다.

미국 시애틀에 위치한 스타벅스 1호점과 로고

스타벅스는 바리스타와 고객 간 교감과 유대 강화를 위해 둘 사이에 놓이는 에스프레소 머신 '마스트레나'를 직접 개발한다. 기존에 사용하던 '베리스모 801'이란 반자동 에스프레소 머신은 높이가 너무 높아 바리스타와 손님이 대화를 나누기가 어려웠다. 스타벅스는 터모플랜Thermoplan사와 제휴하여 높이를 10센티미터 낮추고 버튼만 누르면 자동으로 그라인딩해서 에스프레소를 추출할 수 있는 새로운 에스프레소 머신을 개발한다.

마스트레나는 주문이 밀려도 여유 있게 에스프레소를 추출할 수 있어 바리스타가 유휴 시간에 손님과 얘기할 수 있었고, 높이가 낮아진 머신 덕분에 고객은 바리스타에게 쉽게 말을 걸 수 있었다.

교감과 유대감 덕인지 스타벅스가 어떠한 이유로 문을 닫게 되면 주민들이 나서서 반대 운동을 펼친다. 이것이 스타벅스라는 카페 브랜드가 가진 가치 아니겠는가. 밀라노의 조그만 카페에서 체험한 신비와 로맨스에 제3의 공간 개념을 적용한 스타벅스는 언제나 유연하다. 사람들이 원하거나 원할 것 같은 가치를 만들어 내는 데 있어 더욱 그렇다. 스타벅스는 현재의 카페 방식에 만족하지 않고 사람들의 새로운 바람으로 항상 변화한다.

스타벅스 리저브Starbucks Reserve는 스페셜티 커피를 지향하는 사람들을 위한 공간이다. 전 세계의 훌륭한 마이크로 랏 커피를 독점 공급하며 에스프레소만 고집하지 않고 스페셜티 커피의 맛을 제대로 낼 수 있는 푸어오버 방식 핸드 드립과 사이폰까지 서비스되고 있다.

일본 도쿄 메구로구에는 세계 최대 매장 스타벅스 리저브 로스터리가 오픈했다. 유명 건축가 구마 겐고와의 협업으로 만들어진 스타벅스 리저브 로스터리는 단순히 방금 로스팅한 신선한 원두를 판매하는 것에 그치는 것이 아니라 새로운 복합 공간이라는 콘셉트로 만들어졌다. 신선한 커피와 칵테일, 프리미엄 디저트를 즐길 수 있는 공간과 로스팅 과정, 브루잉 과정도 배울 수 있고, 토론 공간까지 갖추고 있다.

언제나 유연하게 새로운 것을 받아들이는 것이 카페와 카페 브랜드의 운명이기는 하지만, 스타벅스는 끊임없이 고객을 관찰하고 고객의 목소리에 귀 기울여 계속 변화해 왔고 그 결과 세계적인 카페 브랜드가 될 수 있었다.

블루보틀의 파란 물결

친절한 스타벅스와는 달리 어찌 보면 불친절해 보이는 카페 브랜드가 있다. 매장에선 커피 외의 음료는 취급하지 않고 그나마 있는 커피 음료 메뉴도 여덟 가지가 전부다. 가장 대중적이고 손쉽게 찾을 수 있는 아메리카노, 아이스 아메리카노도 없다. 우유를 넣은 커피 음료를 싫어하는 사람은 어쩔 수 없이 10분 넘게 기다려야 마실 수 있는 핸드 드립을 선택해야 한다.

전 세계 50여 개 매장을 가지고 있는 블루보틀은 불친절함을 즐기는 마니아들에 의해 세계적인 카페 브랜드가 되고 제3의 커피 물결의 주역이 되기도 했다. 불편하게만 보이는 블루보틀의 규칙은 제3의 물결에 맞는 차별화된 특징이다.

여덟 가지 메뉴는 모두 맛있는 커피 메뉴로만 엄선해 선택과 집중으로 보다 완벽한 커피 음료를 제공하기 위함이고, 에스프레소에 물만으로 맛을 내는 아메리카노보다는 시간이 걸리더라도 최고의 맛을 뽑아내는 핸드 드립 커피를 제공하는 것이다. 그러기 위해 블루보틀은 스페셜티 커피라 인정받는 싱글 오리진 원두를 로스팅 후 48시간 이내의 것만 사용한다. 그 외에도 컵의 크기도 가장 맛있는 레시피를 만들 수 있는 크기 하나만 정해 놓고 음료를 제공하는가 하면 카페 라테나 카푸치노 같은 우유 음료는 라테 아트 서비스로 마무리하여 최고의 바리스타가 커피 음료를 제공하고 있다는 것을 보여 준다.

블루보틀의 차별화는 공통적으로 한 가지 지향점을 가지고 있다. 최고의 품질과 맛을 지향한다는 점이다. 카흐베하네와 유럽의 카페나 커피 하우스를 거쳐 스타벅스에 이르기까지 카페는 카페 공간이 지닌 가치가 커피라는 음료의 가치보다 비중이 높았다. 사람들이 모이고 사유가 이루어지는 공간이다 보니 공간이 주는 분위기가 더할 나위 없이 중요한 것은 사실이다.

그러나 제3의 물결에서는 커피가 주인공의 자리를 차지한다. 수확부터 원두 생산, 커피 음료 추출까지 모든 과정에 품질과 맛을 중점적으로 관리하고 공정 무역을 통해 수확하는 사람과 커피를 판매하는 사람 간의 격차를 줄이려 노력한다. 이런 면에서 보면 블루보틀의 창립자는 제3의 물결을 주도하는 브랜드를 만들어 낼 만한 충분한 자격을 갖추고 있는 것으로 보인다.

2002년 교향악단 클라리넷 연주자였던 제임스 프리먼은 오클랜드의 원예 창고 한편에 8파운드(약 2.7킬로그램)용 로스팅 머신을 설치하고 업소 판매를 위한 로스팅을 시작했다. 그는 세심하게 음을 고르고 정확하게 연주하듯 로스팅 시간을 20초 단위로 바꾸어 가며 계량하고 맛을 보며 커피 마니아로서 까다로운 입맛을 가진 자신을 만족시킬 만한 로스팅 프로파일을 찾아갔다. 일주일에 한 번은 올드 오클랜드 파머스 마켓Old Oakland Farmers Market이라는 지역 직거래 시장 한쪽에서 핸드 드립을 판매했다. 핸드 드립은 커피 한 잔이 추출되려면 10분 정도의 시간이 소요된다. 직접 준비한 원두를 핸드밀로 분쇄한 뒤 드립퍼에 넣고 분쇄된 커피 위로 끓는 물을 정성껏 떨어트린다. 어느 정도 시간이 지나면 커피와 필터를 지난 고운 갈색빛 커피가 서버로 조금씩 떨어진다. 은은하게 퍼지는 커피 향이 사람들의 마음을

블루보틀 샵과 로고

사로잡을 때쯤 어느새 커피가 완성된다. 이 모든 과정을 지켜보며 마시는 커피 한 잔이 어떻게 맛이 없을 수 있겠는가. 맛을 보고 감탄한 사람들의 입소문으로 어느새 프리먼의 핸드 드립은 시장의 명물이 되어 있었다. 입에서 입으로 건너간 커피의 맛은 더 많은 사람을 불러왔고 나중엔 기다리는 사람들로 긴 줄이 만들어졌다. 프리먼은 기다리는 사람을 개의치 않고 한 사람 한 사람 정성을 다해 커피를 내렸다. 시간이 얼마나 걸리든 그건 중요하지 않았다. 오래 기다려 받은 커피 한 잔의 첫 모금은 행복한 경험을 줄 테니까.

> "나는 손님에게 로스팅한 지 48시간 미만의 커피만
> 판매할 것이다. 그래서 사람들은 최고의 맛으로 커피를
> 즐길 수 있게 될 것이다. 나는 오직 최상급 퀄리티의
> 가장 맛있고 엄선된 콩만을 사용할 것이다."
> 제임스 프리먼

블루보틀의 파란 물결은 이제 미국에서 일본으로, 그리고 한국으로 그 범위를 확장하고 있다. 지금은 잔잔하게 치는 파도지만 해일이 될 수도 있는 잠재성을 갖고 있는 카페 브랜드임은 분명해 보인다.

3

커피종의 기원
The Origin of
Coffea Genus

커피 체리 과육 안의 작은 씨앗을 구우면 그것이 자란 땅의 기운을 감추지 못하고 폭발적인 향기를 풍성하게 드러낸다. 화산 지형에서 자라나면 스모키한 향이 나기도 하고, 과일이나 너트류와 함께 자라나면 시트러스나 초콜릿 향, 너트 향이 나기도 한다.

꼭두서니과 코페아속의 세 가지 종 아라비카, 로부스타, 리베리카는 특별한 맛과 향으로 사람들 곁에서 살아가고 있다. 사람들이 가장 많이 선택한 아라비카종만이 다양한 품종으로 소개된다는 것은 가장 많이 사랑받는다는 방증이다. 리베리카는 각광받지 못하고 자국 내에서 주로 소비되지만 로부스타는 또 다른 매력으로 선택을 받아 왔다.

사람들은 자연이 만들어 낸 품종에 만족하지 않았다. 서로 섞어 다른 맛을 내기도 하고 일부러 발효시켜 보기도 하며 더 특별하고 맛있는 커피를 찾았다. 어떻게 하면 맛있는 커피를 만들 수 있는지 실험하며 기구를 만들기도 했다.

하지만 이제 사람들은 다시 자연으로 눈을 돌리기 시작했다. 국가별로 각지의 농장에서 정성껏 보살펴 수확한 생두를 평가하고 점수를 부여해 80점 이상의 커피는 '스페셜티 커피'라는 계급을 부여한다. 또한 평가하고 순위를 매겨 '컵 오브 엑설런스'라는 영광스러운 칭호를 주기도 한다. 훌륭한 품질의 커피가 더 비싼 가치를 받는다는 것을 안 농장들도 마이크로 단위의 작은 땅을 집중적으로 관리해 최고 품질의 커피를 만들어 내기도 한다.

이제 더 이상 커피는 자연이란 기원에 머무르지 않고 사람들의 지혜와 정성으로 진화되고 있다.

코페아속의 색다른 두 종

·

아라비카와 로부스타

에티오피아가 커피의 시원이라는 것은 '분자 진화 시계'를
통해서도 어느 정도 입증이 되었다. 《커피 세계사》의 저자
탄베 유키히로에 따르면 지각 변동으로 형성된 대지구대(the
Great Rift valley)는 깊이 100미터에 달하는 거대한 균열로
약 420만 년 전 삼림을 나누고 생물의 이동을 가로막는 벽이
되어 이때부터 각자의 지역에서 독자적인 진화를 거쳤다고
한다.

　이후 여러 번의 빙하기에서도 살아남은
꼭두서니과(Rubiaceae) 125종 중 코페아속(Coffea)의
아라비카(Coffea arabica L.), 로부스타(Coffea canephora
P.), 리베리카(Coffea Leberica)종이 '커피의 3원종'이다.
로부스타와 리베리카는 공통 조상에서 분기된 것으로
추정된다. 흥미로운 점은 아라비카종의 기원이다.

유게니오이디스종(eugenioides)이라는 나무에 로부스타종 화분이 수분되어 나온 자손이 빙하기를 견디고 현재의 아라비카종이 되었다는 설이 유력하다.

사람들에게 쓰이게 된 것은 가장 뒤늦게 세상에 나온 아라비카종부터다. 이름에 담긴 의미를 보면 에티오피아에서 발견된 종이지만 실질적으로 아라비아에 의해 전 세계로 소개되고 퍼져 나갔기에 마치 아라비아 숫자(Arabic numeral)처럼 아라비카란 이름을 갖게 된 것으로 유추해 볼 수 있다.

커피의 역사 속에서 등장하고 이 책에서 쓰인 대부분의 커피종은 아라비카다. 에티오피아에서 예멘으로, 예멘에서 터키로, 그리고 유럽으로 퍼지며 전 세계인을 설레게 했던 커피의 종이 바로 아라비카다.

이국적 정취를 한껏 풍기고 전 세계를 누비며 수요가 급증한 19세기경 아라비카에 치명적인 단점 하나가 발견된다. 녹병이라는 병해가 발생하면서 커피 농가에 아라비카종에 해당되는 커피나무가 심각한 타격을 입게 됐다. 이때부터 병해에 강한 커피나무를 찾다가 발견된 것이 로부스타종과 리베리카종이다.

벨기에령의 콩고 지역에서 발견된 로부스타는 '왕성한, 튼튼한'이란 의미를 담고 있다. 이름대로 로부스타는 고도가 낮은 곳에서도 병해에 강하게 살아남아 관리가 쉽고 수확량이 많아 생산에 필요한 비용이 아라비카보다 상대적으로 저렴하다. 아라비카를 대체할 줄로만 알았던 로부스타는 1912년 뉴욕 커피 거래 박람회에서 별 가치

없는 종이라는 혹평을 받는다. 맛도 없고 쓴맛과 더불어 탄
맛까지 나서 아라비카종에서 느껴지는 매력적 풍미를 느낄
수 없는 로부스타는 홀대를 받았다. 하지만 아이러니하게도
제1의 물결은 포장의 혁신에서부터 시작해 로부스타를
대체 가능한 커피로 만든다. 가치 없다는 평가는 곧 가격
하락으로 이어지고 이는 대량 생산의 전제 조건이 되었다.
1903년 카토 사토리Kato Satori는 녹차의 탈수 공정을 커피에
응용해 인스턴트커피를 만든다. 인스턴트커피를 선호하는
이들이 매력적으로 느끼는 구수한 향은 로부스타의 성분
중 '피라진' 성분 때문인데, 벤젠의 1번, 4번 위치의 탄소가
질소로 치환되어 만들어진 탄 냄새 혹은 구수한 향이다.
1917년 제1차 세계대전에 참전하는 군인의 식량에 이만한

아라비카Arabica
카페인 0.9-1.4%

로부스타Robusta
카페인 1.8-4.0%

리베리카Liberica
카페인 0.7-1.2%

커피의 3원종

커피는 없었다. 이때부터 로부스타는 인스턴트커피를 만드는 주원료처럼 여겨졌다.

커피로서 가치를 인정받지 못하고 저렴한 인스턴트커피에 사용된다는 인식 때문에 수준이 낮은 종으로 인식되지만 양질의 로부스타는 전통적인 이탈리아 에스프레소에 사용된다. 약 10퍼센트 정도에서 15퍼센트 비율로 사용되며 블렌드와 로스팅만 잘한다면 아라비카가 가지고 있지 않은 매력을 더해 준다. 가끔 이탈리아 여행에서 경험한 에스프레소를 못 잊어 향수에 젖은 사람은 아라비카와 로부스타가 절묘하게 배합되어 배전된 블렌드의 매력에 빠져 있는 것인지도 모른다.

함께 발견된 리베리카는 라이베리아Liberia 지역에서 주로 발견되고 다른 두 종에 비해 특징적인 부분이 없어 주된 서식지 지명이 붙은 것으로 보인다. 리베리카는 매운 느낌이 날 정도로 쓴맛이 강한 데다가 병해에도 약해 주로 자국 내에서 소비되고 있어 아라비카와 로부스타의 명성에 가려 있다.

아라비카종은 에티오피아 서남부 아비시니아 고원이 원산인 만큼 해발 1000–2000미터의 고지대에서 생산된다. 높은 고도에서는 압력도 높다. 이런 곳에서 생산되는 것을 우리는 익히 보아 왔다. 우리나라에서 생산되는 고랭지 배추도 속이 튼실하게 차 있지 않던가. 마찬가지로 아라비카의 열매도 알차게 자라 그 맛과 향이 뛰어나다는 평가를 받는다. 하지만 고지대에서 자라는 만큼 재배에 필요한 경비가 많이 든다는 단점이 있다. 나라마다 조금씩 다르겠지만 경사가 심한 곳이나 깊은 산림에 위치한 커피나무는 기계 재배가 불가능하고 사람의 손으로 하나하나 수확해야 한다.

손이 많이 가는 고원에서 자란 커피의 원종 아라비카가 맛이 없을 수가 있을까. 맛의 차이를 기가 막히게 아는 사람들에 의해 아라비카종은 다시 여러 품종(Variety)으로 구별된다. 아라비카의 가장 대표되는 품종으로는 티피카와 부르봉이 있다. 티피카와 부르봉은 아라비카종에서 세계적으로 가장 많이 재배되고 사랑받는 품종이다.

아라비카종의 두 효자 품종

·

티피카와 부르봉

카리브의 검은 보석 티피카

오스만 튀르크 대사 솔리만 아가가 다녀간 뒤 루이
14세(1669년 당시 31세)는 혼자 덩그러니 앉아 왠지 모를
공허함에 휩싸였다. 강한 군을 가지고 있는 이교도의 나라에
기가 눌리지 않기 위해 한껏 치장한 루이 14세 앞에서
대사는 소박한 차림이었지만 당당하게 서 있었다. 프랑스
로코코의 사치스러움과 화려함이 오스만 튀르크 신비주의의
소박함에 참패를 당한 느낌이었을까? 게다가 아랍 최고의
음료요 성수라고 불리는 커피는 왜 그리도 거칠고 쓴지
아직도 입안이 얼얼했다. 오스만 튀르크 사람들은 도대체 왜
이런 음료를 성수라 떠받드는지 도통 이해가 가지 않았다.
샴페인과 와인이 이리도 훌륭한데 말이다. 루이 14세와
커피의 첫 조우는 탐탁지 않은 기분과 그 뒤에 오는 씁쓸한

여운만 남겼다.

　후에 루이 14세는 커피나무를 프랑스 영토 안에 심고(1714년 당시 76세) 전 세계에 퍼뜨리는 데 막중한 역할을 한 왕이 된다.

　루이 14세의 궁정에 솔리만 아가가 다녀간 후 궁에 자주 들락거리는 귀족들은 언제부터인가 모이면 커피에 대한 이야기를 늘어놓기 시작했다. 오스만의 대사가 머물던 파리의 저택에서 이국적이고 호사스러운 대접을 받아 본 이들은 하나같이 침을 튀며 자랑하기에 여념이 없었다. 솔리만 아가 대사는 프랑스 귀족들의 입맛에 맞게 설탕을 가미한 커피로 강한 쓴맛을 감추고 달콤함을 더했다. 한 번 맛보면 잊을 수 없는 커피 향과 설탕의 달콤한 맛은 귀족들을 매료시켰고 온 궁정으로 퍼져 갔다.

루이 14세, 1670년

루이 14세도 이 맛에 천천히 매료되어 갔고 커피가 씁쓸한 과거의 기억에서 달콤한 미래의 희망으로 여겨지기 시작한다. 점점 사람들에게 퍼져 가는 커피에 세금을 부과한다면 세수가 증대할 것이다. 그러면 화려한 사치로 인해 항상 부족한 재원을 보충할 수 있지 않을까? 루이 14세에게 커피는 미래의 풍족한 삶을 보장해 줄 오스만 튀르크의 선물로 인식되기 시작한다.

이윽고 커피에 세금이 부과되어 커피 값이 올라간 후 프랑스 내 커피 소비량은 점점 줄어들어 루이 14세가 바라는 만큼 수입이 생기지 않았다. 답답한 상황을 지켜보던 루이 14세에게 세계적으로 늘어가는 커피의 교역이 눈에 들어왔다. 하지만 교역을 하려면 커피를 재배해야 하는데 마땅한 방법을 찾지 못하고 있었다. 그러던 중 뜻밖의 기회가 타국에서 날아들었다.

1706년 네덜란드의 니콜라스 비첸Nicolaas Witsen은 조카 요한 반 호른Joan van Hoorn에게 받은 자바섬의 어린 커피나무를 네덜란드 국립 식물원(Hortus Botanicus Amsterdam)에 보냈다. 세계 교역에 떠오르는 샛별 커피나무는 적도 커피 벨트의 환경에 맞춰져 세심하게 관리되었고 건강하게 자라났다.

암스테르담의 커피나무가 프랑스로 건너간 것은 1714년이다. 네덜란드 암스테르담 지방 정부 시장 헤릿 호프트Gerrit Hooft가 프랑스와 교역에 대한 협정을 체결하고, 기념으로 루이 14세에게 1.5미터 높이의 싱싱한 커피 묘목 하나를 선물한 것이다. 선물받은 다음 날 커피 묘목은 루이 14세의 철저한 보호 아래 파리 식물원(Jardin des Plantes)에

조심스럽고 안전하게 이식되었고, 식물원에 커피나무를 심는 날 프랑스의 식물학자 앙투안 드 쥐시외Antoine de Jussieu(식물분류학의 대가)가 주재하는 기념식도 거행되었다.

암스테르담이 선물한 커피 묘목은 이제 막 파리 식물원 한편에서 숨 고르기를 시작했지만 커피 재배를 통해 교역을 꿈꾸었던 태양왕 루이 14세는 얼마 지나지 않은 1714년 9월 1일 숨을 거두고 만다.

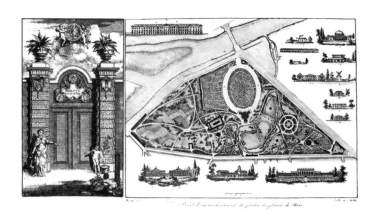

(좌) 네덜란드 국립 식물원, 1715년
(우) 파리 식물원, 1838년

개인적인 용무로 파리로 돌아오긴 했지만 마르티니크에서 파리로 돌아오는 길은 멀고도 험해서 웬만하면 오지 않고 모든 일을 해결하려 했다. 하지만 이번 귀국길은 그에게 있어 특별한 의미를 갖고 있었다. 프랑스령인 카리브해 마르티니크의 해군 장교 가브리엘 드 클리외Gabriel Marthieu De Clieu는 이번이 어쩌면 조국을 위해 애국하는 길이 될 수도 있겠다는 생각을 했다.

파리 식물원에 그 귀하다는 커피나무가 9년간 자라고 있었다. 네덜란드로부터 선물받은 커피는 아랍에서 직접 가져온 나무의 후손이라는 얘기도 들었다. 이 나무를 구해야 한다. 꼭 구해야 한다.

루이 14세가 서거한 후 즉위한 루이 15세는 고집불통의 10대 소년이었다. 드 클리외는 왕을 만나기도 어려웠지만 그를 설득하는 것은 더욱 어려웠다. 커피나무 두 그루만 준다면 마르티니크섬 전체를 커피 농장으로 만들겠다고 말해도 요지부동이었다. 여러 번 청원했지만 번번이 거절당했다.

"커피나무가 자라고 있는 궁정 정원에서 커피나무 가지를 얻으려고 여러 번 시도했지만 성과도 없이 번번이 되돌아와야만 했다."
드 클리외의 기록 중에서

여러 달을 기다리며 궁리를 거듭하던 드 클리외는 궁정 내과 의사 드 시락Dr. M. De Chirac과 접촉할 방법을 모색하게 된다.

드 시락 박사는 궁정 내과 의사이면서 의약 연구를 목적으로
온실 안에서 식물 연구를 담당했기 때문에 커피나무에
접근이 가능했다. 드 클리외는 자신의 여자 친구를 통해 드
시락 박사에게 접근해 부탁했다. 그리고 마침내 드 클리외는
커피나무 꺾꽂이를 할 수 있는 가지를 얻어 냈다. 꿈에 한
발 다가선 그는 마르티니크로 돌아가는 배편을 알아보기
시작했다.

1723년 드 클리외와 커피나무를 태운 르 드로마데르호Le
Dromedaire는 낭트를 출발해 마르티니크로 향했다. 드 클리외는
귀하고 여린 어린 가지를 긴 여정 동안 살려 가져가기 위해
휴대용 온실을 만들었다. 나무 상자 한 면을 유리로 붙인
다음 철사로 감았다. 휴대용 온실은 바람이 잘 통하도록
만들어진데다 유리로 붙여진 부분은 햇살이 잘 들어왔고
철사로 보호가 되어 있어 쥐가 갉아도 손상을 입지 않도록
제작되었다. 휴대용 온실 안에서 초록빛 잎에 생동감이 도는
걸 볼 때마다 드 클리외의 꿈도 살아 있다는 느낌을 받았다.

순항하던 르 드로마데르호를 몇 주 만에 세운 건 튀니지
해적이었다. 모두가 잠든 한밤중에 기습해 왔지만, 르
드로마데르호는 대포를 26문이나 가지고 있었기에 해적의
공격을 피할 수 있었다. 그보다 더한 위협은 가까이에 있었다.
한동안 누군가 자신을 주시하고 있음을 느낀 드 클리외는
그가 자신의 커피나무를 해하려 함을 알게 된다.

"긴 여정동안 이 예민한 식물에게 쏟아야 했던 나의
끝없는 정성에 대해 이제 와서 시시콜콜 이야기하는

것은 의미가 없을 것입니다. 또한 당시에 내가 조국을
위해 하는 일을 시기한 나머지 누군가가 제 커피 묘목을
강탈하려 했고, 가지를 꺾으려 했던 것 때문에 고생했다는
이야기를 다시 꺼내는 것도 의미가 없을 것입니다."

드 클리외가 문예연보에 보낸 서간(letter to the Année Littéraire)

당시 네덜란드령 자바의 커피 농사는 성공적이었다. 교역도
모카항 다음으로 늘어나는 추세였다. 커피나무를 선물로 줬던
암스테르담 시장은 경쟁자가 될 나라의 커피 농사가 달갑지
않았다. 시장은 스파이를 보내 이를 해하려 했던 모양이다.
이권을 빼앗기기 싫었던 것이다.

스파이는 커피나무를 없애기 위해 기회를 노리고
있었지만 좀처럼 틈이 나지 않았다. 낮에는 드 클리외가
주위를 지키고 있었고 밤에는 그의 방에 넣어 두고 방문을
잠갔기 때문이다. 드 클리외의 빈틈없는 노력에도 스파이에게
기회가 주어졌고 감겨 있는 철사 사이로 손을 넣고 가지를
꺾으려 했다. 하지만 때마침 당도한 드 클리외와 몇 사람에게
발각되어 붙잡혔다. 하마터면 커피나무 가지가 손상돼 모든
수고가 수포로 돌아갈 수 있었던 위험천만한 순간이었다.

스파이의 위험이 사라진 후에도 커피나무가 마르티니크로
가는 길은 여전히 험난했다. 여정이 한 달여 남은 시점에
르 드로마데르호는 열대 폭풍을 만났다. 치명적인 손상은
없었지만 배가 갈라지는 사고 때문에 배 안에 무게가 나가는
짐은 모두 바다에 버려야 했다. 필요한 양만큼을 제외하고
물도 버려졌다. 이 때문에 배는 식수 공급을 철저히 통제하게

된다. 한 사람이 하루에 마실 물의 양을 절반으로 정해 배급을 주었다. 드 클리외도 예외 없이 그만큼의 양만을 배급받았으니 커피나무를 위한 물은 없었다.

이런 어려움에도 드 클리외는 자신의 물을 커피나무에게 나눠 주며 자신과 여린 커피나무의 목숨을 지켜 나갔다.

"여정이 한 달여 남은 상황에서 물이 부족했습니다. 배급받은 물이 부족한 가운데 내 희망과 기쁨의 원천인 커피 묘목까지 돌봐야 했죠. 가냘픈 나뭇가지가 성장을 멈춘 듯할 때에는 물을 더 많이 줬습니다."

커피나무를 돌보는 드 클리외

여러 어려움을 딛고 마르티니크에 도착한 드 클리외는
새끼손가락만 한 커피 묘목을 프레쇠르Le Precheur 사유지에
옮겨 심어 정성껏 가꾸기 시작한다. 그곳이 커피나무가
성장하기에 최적의 장소라 여긴 것이다. 르 드로마데르호에서
있었던 불미스러운 일이 생각났다. 노심초사했던 배 안의
기억들이 그를 움켜잡고 있었던 것이다. 그는 커피나무를
심은 그 주위로 가시덤불을 덮었다. 커피나무가 자라는 동안
외부의 방해로부터 보호하기 위해서였다.

드 클리외는 자신을 어루만지듯 어린 커피나무를
어루만지고 보호하며 소중하게 가꿨다. 마침내 노력 끝에 커피
종자 2파운드(약 907그램)를 수확했다. 종자는 커피 재배에
희망적인 사람들에게 분배되었고 드디어 마르티니크에서
커피 농사가 시작되었다.

첫 번째 수확은 상당히 좋았다고 그는 기록에 적고 있다.
그리고 그의 꿈을 앞당겨 줄 기회는 자연의 재해에 의해
찾아왔다.

1727년 11월 마르티니크를 비롯한 서인도 제도에
사이클론이 발생한다. 당시 서인도 제도의 주된 농사는 카카오
재배였기 때문에 이 태풍으로 카카오 플랜테이션은 전부 물에
잠기고 말았다. 카카오나무의 대부분을 잃은 토착민들에게
드 클리외가 커피 재배를 권장하고 종자를 나누어 주었다.
이들 지역에서도 커피 농사가 성공해 더 많은 양을 수확할
수 있었다. 이것을 시작으로 마르티니크 주변 서인도 제도로
커피가 퍼져 나갔다.

1734년부터는 커피가 대량 생산 체제를 갖추게
되어 급기야 이슬람으로도 수출이 되었다. 이슬람에서
인도로, 인도에서 네덜란드로 갔던 커피가 프랑스를 거쳐
마르티니크에 도착해 맺어진 열매가 다시 이슬람의 나라들로
재수출되는 순환 고리를 만들어 낸다.

르 프레쇠르
Le Precheur

라 트리니트La Trinite

세인트-피에르Saint-Pierre

포트-데-프랑스Fort-de-France

르 마린Le Marin

쿠바Cuba

도미니카 공화국
Republica Dominicana

카리브해Caribbean Sea

남미대륙South America

르 프레쇠르에 커피나무를 심는 드 클리외와 마르티니크섬

에티오피아에서 마르티니크까지 커피의 여정은 멀고도 길었지만 전 세계가 얻은 것은 아비시니아^{Abyssinia} 고원에서 발견한 원종에 가장 가까운 티피카^{Typica}라는 종이다. 티피카라는 단어는 스페인어로 Typical이 어원이고 '대표적인 것, 전형적인 것'을 뜻한다. 브라질을 제외한 중남미는 스페인어를 사용하므로 스페인의 단어로 이름이 붙은 것은 당연한 일일 것이다.

중남미에 와서 비로소 이름을 얻은 티피카는 뛰어난 품질을 가지고 있어 최고의 맛과 향을 가지지만 그늘 재배가 필요하며 질병과 병충해에 약하다. 게다가 격년으로 생산해야 하고 생산량이 매우 낮다.

티피카는 브라질을 제외한 중남미와 카리브해 연안 국가, 자메이카로 종자가 퍼져 나갔다. 그중 자메이카로 간 티피카는 명품 중의 명품 커피를 태동시킨다.

마르티니크로부터 온 선물

자메이카 킹스톤의 뒤쪽에 위치한 블루마운틴의 아침은 언제나 차가운 공기에 안개가 짙게 드리운다. 상쾌한 아침이었지만 자메이카의 총독 니콜라스 로우^{Nicholas Lawes}에겐 무거운 하루의 시작이었다. 악명 높은 해적에 대한 재판이 있었기 때문이다. 재판에 회부된 자들은 존 래컴^{John Racome}이 이끄는 해적들이었다. 존 래컴은 칼리코 잭^{Calico Jack}으로 더 유명했는데 그 이유는 목양천(Calico)으로 만든 옷을 입고 다녔기 때문이다. 유례없이 치졸하고 독특한 해적들의 재판이었기에 세간의 주목을 받았다. 칼리코 잭이 이끄는

해적들은 작은 배들만 골라서 습격하는데다가 여성을 배에
태우지 않는다는 해적들의 불문율을 깨고 여성 해적 메리
리드Mary Reade와 애니 보니Anne Bonny가 무리에 포함되어 있었다.
재판에서 그들까지도 같이 재판해야 한다. 그것도 임신한
여성 해적을.

　재판에서 칼리코 잭은 교수형을 언도받았지만 여성
해적 둘은 사형은 면했다. 이 재판으로 니콜라스 로우는 그
이름을 널리 알리게 된다. 칼리코 잭이 도안한 깃발은 해적의
상징처럼 여겨지기 시작했다.

　카리브해의 해적들이 영국 해군에 의해 체포되면
본국까지 가지 않고 자메이카에서 니콜라스 로우 총독이
재판하는 경우가 종종 있었는데, 그럴 때마다 그는 전 세계
선박의 물동량에 대해 자연스레 알게 되었다. 오가는 물동량
중에 커피를 주목하게 된 것은 유럽인들에게 향신료, 설탕
다음으로 커피의 붐이 일어나고 있었기 때문이다. 그리고
어느 해부터인가는 일반적인 커피 생두가 아닌 농사가 가능한
커피나무가 오간다는 소식을 듣는다. 그런 소식을 들을
때마다 자메이카도 훌륭한 수출 상품 하나를 추가할 수도
있을 것이란 생각을 하곤 했다.

　이웃한 마르티니크에서도 드 클리외라는 해군 장교가
커피를 들여와 성공적으로 커피 농사를 하고 있었다. 1727년
사이클론이 발생하고 카카오 밭이 쑥대밭이 되었을 즈음 드
클리외가 커피 종자를 퍼트리기 위해 토착민이면 누구에게나
나누어 주고 있다는 소식을 들었다. 니콜라스 로우는 이때부터
커피 종자를 구하기 위해 노력했다.

1728년 니콜라스 로우는 고대하던 커피 묘목 하나를 마르티니크의 총독 쟝 프랑세즈 루이 드 브라크^{Jean François Louis de Brach}로부터 선물받았다. 야리야리한 커피 묘목 하나가 그의 손에 쥐어진 순간 자메이카의 명품 커피도 태동을 준비하고 있었다.

니콜라스 로우는 선물받은 커피 묘목을 자신의 소유지 세인트 앤드류 성(현재 세인트 앤드류 교구)에 심었다. 커피나무는 무탈하게 잘 자라났다. 마치 이런 땅을 기다렸다는 듯이 잘 자라나는 커피나무를 보면서 그는 성공적인 커피 농사의 앞날을 보는 듯했다.

태양이 섬 전체에 바다의 빛깔을 반사시켜 푸르게 보인다 하여 붙여진 블루마운틴이란 이름처럼 이 지역은 풍부한 태양광이 내리쬐고 짙은 안개와 많은 비가 내리는 곳이었다. 티피카종은 그늘 재배를 위해 큰 나무 밑에 커피나무가 있어야 하지만 블루마운틴에서 그 역할은 안개가 대신 해주었다. 거기에 밤낮의 큰 일교차와 높은 고도는 커피를 더욱 알차고 실하게 만들어 주어 실로 최적의 재배 조건을 갖춘 곳이었다. 게다가 경사면에서 커피를 재배할 수밖에 없는 환경 때문에 익은 커피를 하나하나 손으로 수확할 수밖에 없었다. 노역은 힘든 일이었지만 사람의 손으로 수확한 커피의 맛은 이제까지 출시되었던 어떠한 커피보다도 우아한 맛을 갖고 있어 '커피의 황제'라는 별칭까지 붙었다.

첫 수확 후 커피 묘목은 포틀랜드 성과 토머스 성으로 이식되어 재배되기 시작한다.

1791년에는 아이티 혁명(Haitian Revolution, 1791–

(좌) 니콜라스 로우 (우상) 존 래컴 (우하) 존 래컴이 도안한 해적 깃발 졸리 로저Jolly Roger

자메이카 지도와 각 교구

1804)으로 탈출한 사람들이 자메이카로 유입되면서 그들의
커피 농사 경험이 자메이카 커피 농사에 큰 힘이 되어 주었다.
이후 자메이카의 커피 수확량은 급격히 늘어났다. 천혜의
자연을 만난 커피나무에 자유를 쟁취한 사람들의 손길이
더해져 맛과 향이 뛰어난 커피가 생산되었고 전 세계로 퍼져
나갔다.

해를 거듭하면서 블루마운틴에서 생산된 커피의 명성은
높아져만 갔다. 1930년대 들어서 자메이카 블루마운틴
커피는 수확량이 판매량을 따라잡기 어려워지자 각 농장들은
커피 생산에 박차를 가하게 되었다. 그런 이유로 커피의
품질은 떨어지고 명성 또한 바닥으로 곤두박질을 친다. 이후
30여 년간 땅에 떨어진 명성을 예의 위치로 올리기 위해
노력했지만 자본 부족으로 번번이 실패를 거듭했다. 여기에
일본의 자본이 1969년 자메이카로 유입되었다. 그리고 해마다
생산된 블루마운틴 커피를 전량 구매하고 자메이카의 커피
산업을 지원했다.

뼈아픈 시련을 겪었던 자메이카의 커피 관련 회사들은
엄격한 제도와 기준을 함께 만들었다. '블루마운틴'이란
이름을 붙이려면 해발 고도가 2000미터 이상의 장소에서
재배된 것이어야 하고 맛의 안정을 위해 균일한 크기만을
오크 나무통에 넣어 다른 커피와 다르게 보이도록 만들어
판매했다. 또한 산지 출처가 적힌 품질 보증서를 넣어 자신의
농장 제품을 공인하도록 했다. 이런 노력들이 하나로 모아져
자메이카 블루마운틴은 과거 명성을 되찾기 시작했고 이를
공고히 하기 위해 자메이카 커피산업협의회(JCIB: Jamaica

Coffee Industry Board)를 만들어 특정 지역에서 생산되는 커피만을 자메이카 블루마운틴으로 인정하는 것을 법률로 제정했다.

자메이카 블루마운틴 커피를 생산하는 농가 중 월렌포드는 자메이카 정부의 산하 기관으로서 소작농들의 커피를 수거해 기준에 따라 철저히 검증하여 만들어 낸다.

자메이카 블루마운틴 오크통, 원두, 보증서

티피카의 여정은 원산지 아비시니아(현재
에티오피아)에서 인도를 거쳐 유럽과 그 식민지까지 험로를
따라왔지만 각 지역의 테루아르와 만나 독특한 형질을 더해
최고의 맛을 지닌 커피로 거듭나고 있다.

　　1500여 년 전 커피 원종의 맛을 보고 싶다면 티피카
커피의 맛과 향이 가지고 있는 기억을 더듬어 보는 것도 좋지
않을까 싶다.

섬의 이름이 된 커피, 부르봉

에티오피아에서 건너온 커피가 풍성하게 자라던 16세기 예멘.
베네치아와 마르세유에서 온 상인들이 커피를 흥정하느라
여념이 없었다. 16세기에서 17세기 입에서 입으로 퍼져
유럽을 감싼 아랍 성수 커피의 마력이 유럽인들을 들썩였기
때문이다. 교역이 이루어진 초기 커피 무역은 예멘에서 수확된
커피가 제다Djeddah, Jeddah항에 모인 후 유럽으로 보내졌다. 두
상인들의 커피 무역을 바라보던 네덜란드 상인들은 후발
주자로 나섰지만 뒤처진 커피 무역의 주도권을 갖기 위해
국가의 힘을 빌려 모카에 교역소를 차렸다. 교역소에서 거래를
마친 커피는 네덜란드령이었던 바타비아(현 자카르타)를 거쳐
유럽으로 가는 항로를 따라갔다. 이 길은 유럽으로 가는 주된
커피 무역 항로가 되었으며 모카Mocha(프랑스어: Maka)라는
항구의 이름은 유럽인에게 커피를 부르는 다른 이름이 된다.

　　이 시기 프랑스에선 오스만 튀르크 대사가 루이 14세의
궁정을 다녀간 후 모카에 대한 사랑이 귀족부터 서민으로
급속히 번져 갔다. 프랑스 국민의 커피 사랑으로 루이

북대서양
North Atlantic Ocean

지중해
Mediterranean Sea

제다Jeddah

모카Mocha

아라비아 해
Arabian Sea

남대서양
South Atlantic Ocean

인도양
Indian Ocean

바타비아(현 자카르타)
Batavia(Jakarta)

유럽 커피 무역을 위한 교역항

14세는 모카 수입 판매상으로부터 세수를 확보했지만 사치와 낭비로 얼룩진 그의 삶을 지탱하기엔 부족했다. 그의 생각은 모카나무가 자라는 곳과 환경이 비슷한 식민지령에 커피나무를 심어 산지를 갖고 더 많은 수입을 올려야겠다는 것까지 미친다. 이에 식민지령을 관리하고 무역도 할 수 있는 프랑스 동인도 회사(Compagnie française pour le commerce des Indes orientales)를 지원해 새로운 커피 루트 개발과 더불어 부가 가치를 얻어 낼 수 있는 산지를 만들고자 하는 새로운 생각을 갖는다. 루이 14세는 예멘의 술탄에게 커피나무를 청하고 답을 기다리고 있었고 프랑스 동인도 회사는 모카와 모카 산지를 어떻게 확보할 수 있을지를 골몰히 생각했다.

'우선은 좋은 모카를 찾아야 한다. 사람들이 원하는 좋은 모카 확보가 우선이다. 한시라도 빨리 원정대를 꾸려 출발하자. 좋은 모카를 얻기 위해……'

모카를 확보하기 위한 처녀 원정에는 영국 더블린 태생이지만 프랑스로 망명한 필립 월시Phillip Walsh가 지휘자로 발탁된다. 필립 월시는 프랑스의 생 말로에서 상인으로 활동하고 있었다.

1708년 1월 6일 필립 월시가 이끄는 큐리유Curieux호와 딜리전트Diligent호가 프랑스의 브레스트Brest에서 출항했다. 스페인 카디스에서 기항한 원정대는 예멘의 모카항으로 향했다. 원정대가 모카항 네덜란드 교역소에 도착한 시기에 모카의 인기를 증명이라도 하듯 모카항 인구는 1만여 명 정도로 늘어나 있었다.

모카 거래를 마친 후 귀항하던 모카 원정대가 마다가스카르에 잠깐 들렀을 때 필립 월시는 황열병에 걸리고 만다. 1708년 9월 11일 필립 월시는 모카 원정의 임무를 다하지 못한 채 숨을 거둔다.

지휘자를 잃은 모카 원정대가 1710년 5월 8일 생 말로에 도착했을 때 배에는 대략 1300톤 정도의 커피가 실려 있었다.

그로부터 3년 후 앙투안 크로잣Antoine Crozat은 빼Paix호와 딜리전트호 두 척과 함께 두 번째 모카 원정대를 결성하고 출항한 후 몇 개월이 지난 1711년 6월에서 7월경 생 말로에 복귀했다. 원정대의 배엔 1600톤가량의 커피가 실려 있었다.

첫 번째 원정 이후 3년이란 시간 동안 사람들은 맛있는 모카의 맛을 알기 시작했고 유럽의 카페들이 만들어 내는

큐리유호의 모습(그림: 니콜라스 데 페르Nicolas De Fer, 1705)

모카의 문화를 온몸으로 받아들이고 있었다.

　두 번째 원정 이후 루이 14세와 프랑스 동인도 회사는 커피를 사들여 교역하기보다는 훌륭한 산지를 가져야 한다는 강렬한 욕망에 휩싸인다. 그리고 루이 14세와 프랑스 동인도 회사는 인도양의 섬 하나를 떠올린다.

　'부르봉섬(ile Bourbon)'

　프랑스 최고 절대 왕정의 상징 '부르봉' 왕가의 이름을 가진 섬이었다. 포르투갈인 페드로 데 마스카레나스는 1512년 인도양에서 세 개의 섬을 발견하고 자신의 이름으로 세례를 내린다. 마스카렌제도(Mascarene Islands)는 현재 모리셔스(Mauritius island), 로드리게스(Rodrigues island), 레위니옹(Réunion island)으로 이루어진 다도해다. 하지만 당시 마스카레나스의 나라 포르투갈은 섬에 주민을 정착시키거나 지배하지는 않았다.

　1642년 세 개의 섬 중 가장 서남쪽에 있는 섬 하나는 프랑스 동인도 회사가 아프리카 최남단을 돌아 인도로 가는 길에 기착지로 사용하기 위해 섬에 주민들을 정착시키고 프랑스의 땅으로 만든다. 루이 13세는 이 섬에 자신의 왕가 부르봉이라는 이름을 하사한다.

　1711년 당시 734명의 주민들이 살고 있던 부르봉섬의 실질적인 지배는 프랑스 동인도 회사가 하고 있었다. 섬에는 프랑스 지주와 아프리카, 말라가시 노예가 정착해 살고 있었다.

　루이 14세에겐 선왕 루이 13세가 지어 준 왕가의 이름을 가진 친숙한 섬이었고 프랑스 동인도 회사는 주인 없는 이

대서양
Atlantic Ocean

아프리카
Africa

인도양
Indian Ocean

모리셔스
Mauritius island

마다가스카르
Republique de Madagascar

로드리게스
Rodrigues island

부르봉(현 레위니옹)
Bourbon(Reunion island)

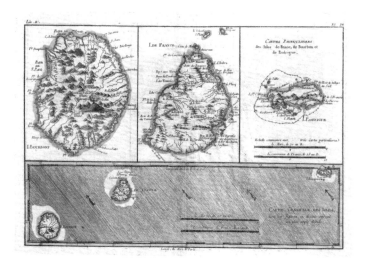

레위니옹, 모리셔스, 로드리게스섬의 지도(1780)

섬을 독점적으로 사용하고 있었으니 어쩌면 부르봉섬의
운명은 이미 정해져 있었던 것이나 다름없었다.

루이 14세의 의중을 확인한 프랑스 동인도 회사는 세 번째
원정과 함께 섬을 모카 농장으로 만들기 위한 준비를 한다.

두 번째 원정 3년 후 1714년 3월 21일 기욤 두프레네
다르셀Guillaume Dufresne d'Arsel이란 선장의 지휘 아래
쉐싸르Chasseur호와 빼Paix호 두 척으로 구성된 세 번째 모카
원정대가 출발한다. 순조롭게 항해하던 1715년 6월 27일
원정대의 뱃전에 루이 14세가 보낸 배 오귀스트L'Auguste호가
당도한다. 그리고 배로부터 왕명과 함께 모카나무가 하달된다.
부르봉섬에 커피나무 농장을 구축하라는 것이었다. 하지만
정작 명을 내린 루이 14세는 결과를 지켜보지 못한다. 9개월
후 세 번째 모카 원정의 임무가 채 완료되기 전에 루이 14세는
77세를 일기로 생을 마친다.

절대 권력자 루이 14세가 서거한 후 세 번째 원정대
기욤 두프레네 다르셀은 재빨리 모리셔스섬으로 향해 가며
스스로를 왕이라 참칭하고 1715년 9월 20일 정착한다. 그리고
왕명과 함께 전달된 커피나무를 부르봉의 생폴 지역에 심어
커피 농장을 시작한다. 이때 심어진 커피나무는 루이 14세가
예멘의 술탄에게 청을 넣어 기다림 끝에 받은 나무였다.

프랑스 왕가의 이름으로 불린 섬에 예멘 술탄이 보낸
모카나무가 심어졌고 새로운 품종 하나가 탄생한다. 그 커피의
이름 또한 '부르봉'이었다. 부르봉섬에서 탄생한 부르봉종
커피는 브라질을 포함한 중남미와 아프리카의 영국령 케냐,
우간다, 탄자니아 등지로 퍼져 나갔고 티피카와 더불어 가장

많이 확산된 아라비카종 중 하나가 된다.

　루이 13세는 섬의 이름을 하사하고 루이 14세는 섬에 나무를 안겨 주며 탄생한 부르봉 커피를 루이 15세는 '왕의 커피(Cafe Du Roy)'라 불렀다고 한다.

　부르봉 품종은 자라나는 지역의 테루아르를 받아들여 자라나는 지역의 좋은 점을 담아 진화해 가는 품종이다. 부르봉 품종이 심어져 그 섬의 이름을 가지게 된 또 하나의 훌륭한 커피가 있다.

성녀의 이름을 세례받은 섬

1502년 5월 21일 포르투갈의 해군 사령관 주앙 다 노바João da Nova는 남대서양 한가운데 섬 하나를 발견한다. 그날은 콘스탄티누스와 그의 어머니 세인트헬레나의 축일이었기에 그 섬의 이름을 세인트헬레나라 지었다. 콘스탄티누스 이름을 딴 콘스탄티노플이란 지명이 이미 있었기 때문일 것이다. (로마 가톨릭에서 세인트헬레나의 축일은 8월 18일) 하지만 포르투갈은 이 섬 역시 점유하지 않았다. 단지 유럽을 오갈 때 보급 기지와 먼 항해에 쉼터로만 사용했다.

　1584년엔 일본으로 구텐베르크 인쇄기를 최초로 들여온 덴쇼 소년사절단(天正遣欧少年使節)이 유럽으로 가는 길에 잠깐 들러 쉬어 가기도 했다.

　무인도였던 이 섬이 절실히 필요했던 영국 동인도 회사는 국가에 행정권을 요청하고 1657년 올리버 크롬웰 장군은 이를 인정해 주었다. 이로써 영국 동인도 회사는 이 섬을 요새화하기 위한 식민지 사업을 시작하게 된다.

1733년 세인트헬레나에 영국 동인도 회사의 캡틴
필립스Captain Philips가 이끄는 하우톤Houghton호가 도착한다.
하우톤호에는 모카항에서 직접 가지고 온 커피 씨앗이 있었고
씨앗은 섬의 뱀부햇지Bamboo Hedge라는 지역에 심어졌다. 이때
심어진 커피는 부르봉종(Green Tipped Bourbon)으로 변함없이
그 자리(샌디베이 농원)를 지키며 특유의 원형을 유지한 채
다른 곳으로 퍼지지 않고 세인트헬레나에서만 자라났다.

바람만이 불어오는 화산암으로 둘러싸인 이 섬에 1815년
유럽을 호령하던 키 작은 한 사람이 도착한다. 나폴레옹
보나파르트Napoléon Bonaparte였다.

지중해 코르시카섬 출신으로 프랑스 황제까지 올라갔던
그는 워털루 전투에서 영국의 웰링턴 장군에게 패한 후
세인트헬레나섬에 죄수의 몸으로 유배를 왔다. 나폴레옹이
이 섬까지 온 이유는 유배지 엘바에서 탈출한 전력이 있었기
때문이다. 당시 이 섬은 탈출이 불가능한 섬인 데다가 유럽
연합군 2000여 명이 섬 주위를 계속해서 순찰했다고 한다.

화려한 황제로 전 프랑스 국민으로부터 숭앙받았던
나폴레옹의 섬에서의 삶은 그야말로 비참했다. 축사로
사용되었던 초라하고 쾨쾨한 목재 건물 롱우드 저택에서
불편하게 생활하며 과거 자신의 전투와 정치를 회고하고 글을
썼다고 한다.

유럽에서 일어나던 모든 무역을 봉쇄하고 커피
무역마저 옥죄어 본의 아니게 대용 커피의 성장을 이끈
그가 세인트헬레나에서 즐겨 마셨던 것은 아이러니하게도
이곳에서 나는 부르봉 커피였다. 1822년 5월 5일 유럽을

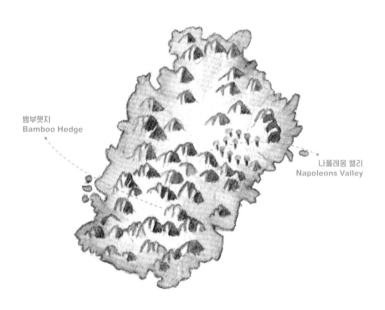

뱀부햇지
Bamboo Hedge

나폴레옹 밸리
Napoleons Valley

세인트헬레나섬의 지도

제패하고 세계를 호령하던 나폴레옹이 롱우드 저택에서 가쁜 숨을 몰아쉬며 마지막으로 찾았던 것도 이 섬의 커피라 한다.

La seule bonne chose à propos de St Helena est le café.
"이 섬에서 쓸 만한 것은 커피뿐이다"

나폴레옹 보나파르트Napoléon Bonaparte

세인트헬레나 커피는 시대를 호령하던 황제의 죽음과 함께 사람들의 기억 속에 남게 되었고, 현재는 세계 최고급 커피의 한 종류가 되었다.

우연히 섞인
세계 최초의 블렌드 커피

·

모카 자바

커피나무에 생기가 돌기 시작했다. 이제야 실험용 온실의
토양과 커피나무가 하나가 된 것 같은 느낌이 든다. 실로
오랜만에 가슴이 뛰기 시작했다. 니콜라스 비첸은 어린
커피나무를 보면서 앞으로 해야 할 일이 더 많다는 것에 대한
기대감에 흥분했다.

　　1696년 당시 55세의 비첸은 포기를 모르는 사람이었다.
새로운 사업을 찾아 모험을 감행하고 스스로를 바쁘게 만드는
자신에게 자부심마저 느끼던 그는 귀족이란 의무감으로
암스테르담 시장을 13번이나 역임했다. 그런 그는 1602년에
설립된 세계 최초의 주식회사 동인도 주식회사(V.O.C.;
Vereenigde Oost-Indische Compagnie)의 경영까지 맡게
되면서 동인도 회사의 재원을 마련해 줄 방법을 계속해서
찾고 있었다. 그러던 중 아랍의 잠잠 성수라 불리는 커피에

대해 알게 되었다. 식물학에 조예가 깊었던 비췐은 만일 네덜란드령 동인도에서 커피 재배가 성공한다면 당장의 재원도 해결되지만 미래까지도 보장된다는 생각을 했다. 한시라도 빨리 재배에 필요한 일들을 해야만 했다.

온실 속 실험의 시작은 바바 부단이 인도에 가지고 온 일곱 알의 커피 씨앗으로부터다. 커피 씨앗은 찬드라기리를 시작으로 인도 남부의 말라바르까지 커피나무를 퍼뜨렸다. 1670년부터는 유럽으로 수출까지 하고 있었고 유럽은 쿰쿰한 향내를 퍼뜨리는 인도산 커피에 이국적 매력을 느끼고 있었다. 비췐은 엄청난 생명력을 가진 인도 말라바르의 커피나무를 구하고 싶었다.

1616년 피터 반 덴 브뢰코Pieter Van den Broecke가 모카에서 네덜란드로 들여와 온실에서 키우다 1658년 실론(현재 스리랑카)에서 상업적 재배에 성공한 커피 종자도 구할 수 있었지만 42년이란 시간이 걸려 성공한 까다로운 종자를 선택하고 싶지 않았을 것이다. 비췐은 인도의 말라바르에 주둔 중인 군의 사령관인 아드리안 반 오먼Adrian Van Ommen 장군을 어르고 달래기를 반복하여 커피 묘목을 얻었다. 얻어온 커피 묘목을 말라바르의 기후와 비슷하게 만든 자신의 온실에 키우는 동안 묘목은 비실거리며 속을 태웠다. 정성을 다해 키우고 겨우 토양에 적응하는 느낌을 받았다. 이제 이 나무의 생장 시험이 성공하면 동인도 자바에 있는 자신의 조카에게 보내야 한다. 비췐의 가슴은 묘하게 고동치고 있었다.

니콜라스 비췐의 조카 요한 반 호른은 본국에 있는 삼촌에게 연락을 받았다. 근시일내에 귀한 생명 하나를 보낼

니콜라스 비쉔

요한 반 호른

테니 잘 보살피면 동인도 회사의 성공적인 식민지 사업을 영위할 수 있을 것이라는 내용도 함께 들어 있었다. 요한 반 호른은 온 가족이 1663년 동인도로 옮겨왔다. 화약상이었던 아버지의 사업이 신통치 않았기 때문이다. 1665년 12살 나이에 그는 동인도 회사의 일을 시작했다. 그는 단순히 실적과 경력만을 쌓는 사람이 아니었다. 현지 사람들에게 신뢰받는 것이 중요하다고 생각한 그는 모든 일처리에 대해 동인도 지역과 그 안에 있는 사람들을 한 번 더 생각하고 신중하게 행동했다. 그러다 보니 현지 사람들의 신뢰를 한 몸에 받게 되었고, 1684년 서른두 살 나이에 반 힘라덴 대학(the College van Heemraden)의 총장까지 역임한다.

현지인들의 평판 덕분에 당시 네덜란드 식민 정부의 총독 윌렘 반 아웃호른Willem van Outhoorn의 신망도 대단해서 요한이 아내와 사별했을 때 그를 사위로 받아들이기도 했다. 그 일로 후에 그는 장인의 낙점으로 총독의 자리를 이어받게 된다.

당시 네덜란드 식민정부 총독 연표 일부

1691–1704 Willem van Outhoorn 빌름 반 아우트호른
1704–1709 Johan van hoorn 요한 반 호른
1709–1713 Abraham van Riebeeck 아브라함 반 리베익
1713–1718 Christoffel van Swoll 크리스토펄 반 스볼
1718–1725 Henricus Zwaardecroon 헨리쿠스 즈바르더크론

1969년 니콜라스 비첸이 보낸 커피 묘목이 요한에게 도착했다. 커피 묘목을 보고 있자니 삼촌의 열정과 정성이 느껴졌다. 요한은 꼭 성공해야겠다는 마음가짐으로 재배를 위해 현지인들을 설득했고 그들은 수긍했다. 현지인의 마음을 움직인 것은 강한 국가의 강요가 아니라 한 사람에 대한 존경이었다. 자바의 커피 농사는 현지인들의 자발적인 노력과 정성으로 시작되었다. 하지만 첫 번째 재배는 실패로 돌아갔다. 태풍으로 섬 전체가 초토화되었고 커피 농장의 커피나무도 다 죽어 버렸기 때문이다. 실패의 경험을 딛고 시작된 두 번째 재배가 성공하고, 1706년 삼촌에게 성공의 낭보와 함께 생두 샘플과 어린나무를 보낼 수 있었다. 비첸이 받은 어린 커피나무는 네덜란드 국립 식물원에서 자라기

동인도제도

시작한다. 후에 이 커피 묘목들은 유럽의 귀족의 온실로
보내져 또 다른 여정을 준비한다. 1707년 요한 반 호른은
치르본Cheribon과 자카트라Jacatra(현 자카르타)에 커피 묘목을
나눠 주었다. 유럽에서 커피 수요가 점점 증가하고 있었기
때문에 이 어린 식물이 네덜란드뿐만 아니라 현지인들의
생계도 마련해 줄 수 있을 거란 확신 때문에 재배를
확대하기로 한 것이다.

이런 커피 농사의 확대에 기여한 또 한 사람이 있다.
헨리쿠스 즈바르데크룬Henricus Zwaardecroon은 요한이 1701년
장인에 의해 네덜란드 식민 정부 총독에 낙점되었을 때
경쟁자였던 최고위 공무원 중 한 사람이다. 이때 요한은
장인에 의한 총독 취임을 즉각 받아들이지 않았다. 그의
경쟁자였던 세 명의 최고위 공무원들이 마음으로 그를
받아들여 줄 때까지 기다린 것이다.

헨리쿠스는 아마도 이때 요한의 진정한 모습을
보았을지도 모른다. 그가 마음 쓰는 커피 사업을 헨리쿠스도
또한 받아들인 모양이다. 1699년 그는 접지용 커피 묘목을
자바에 이식해 성공했다. 이 묘목들을 다시 수마트라Sumatra,
셀레베스(Sulawesi 술라웨시섬), 티모르Timor, 발리Bali 등으로
확대했고 동인도령 커피 재배의 출발점이 되었다.

모카에서 인도를 거쳐 자바로 들어온 커피나무는
자바섬과 동인도를 온통 뒤덮게 된다. 그리고 커피라는
상품에 모카에 이어 자바라는 이름을 입힌다.

당시 유럽에서 가장 인정받는 커피는 모카항에서 수입한
모카 커피였다. 자바에서 수입한 커피가 무너뜨리기엔 너무도

단단한 아성을 구축하고 있었다. 유럽인들은 계속해서 모카 커피를 찾았고 자바 커피도 유럽의 항으로 모여들기 시작했다. 그리고 우연치 않게, 어쩌면 필연적으로 모카 커피와 자바 커피가 섞이기 시작했다. 두 품종이 섞인 커피의 맛을 본 사람들은 새로운 맛에 열광하기 시작했고 여러 지역의 원두를 섞어서 맛을 보완할 수 있다는 생각을 갖게 되었다. 그렇게 세계 최초의 블렌드Blend(서로 다른 원두를 섞어 만든 원두의 조합으로 새로운 맛을 내는 방법 및 명칭) 모카 자바Mocha Java가 탄생하기에 이른다. 우연하게 만들어진 세계 최초의 블렌드 커피다.

자바 모카 블렌드 상표들

발효의 매력

·

루왁 커피와 몬순 커피

유럽 시장에서의 자바 커피의 승승장구는 요한 반 호른의
생각과 다르게 오히려 현지인들을 괴롭혔다. 네덜란드인
농장주들은 현지인들에게 임금을 거의 주지 않고 핍박했으며,
허비되는 커피를 없애고 생각과 대화를 이끌어 내는
현지인들의 커피 마시기를 금지했다. 이미 커피의 맛을 보았던
현지인에게도 커피에 대한 매력은 잊을 수 없는 것이었다.
그러던 어느 날 우연히 루왁(사향고양이)의 배설물에 섞여
있던 원두를 보게 되었다. 루왁의 배설물마다 있는 원두를
모아서 커피를 마셔 보니 본연의 커피 맛에는 없던 특별한
맛이 있었다는 것을 알게 된다. 그 후 현지인들은 루왁
커피를 즐겨 마시게 되었는데, 이를 상품화해서 루왁 커피가
탄생했고 엄청난 인기 덕분에 어마어마한 가격에 팔리고
있다. 하지만 안타깝게도 현재의 루왁 커피는 본질을 잃게

되었다. 루왁 커피가 맛있는 이유는 사향고양이가 가장 잘 익어 맛있는 커피 체리를 먹고, 체리 속 씨앗은 그대로 효소에 의해 단백질이 분해되고 발효된 풍미가 더해져 만들어진 맛이었다. 한마디로 맛있는 것을 즐겁게 먹고 소화시킨 행복함의 산물이다. 하지만 현재의 루왁 커피는 자연스럽지 못하다. 사향고양이를 가두어 사육하며 커피 체리를 먹여 만들어졌기에 예전의 진짜 루왁 커피에 비해 맛과 풍미가 많이 떨어진다고 한다. 하지만 지금도 루왁 커피는 마케팅에 힘입어 아주 비싼 가격에 팔리고 있는 원두 중에 하나이다.

사향고양이(루왁)

일부러 발효한 몬순 커피

무역 항로 덕에 수출입 과정 중에 발효가 되어 이색적인 향을 내는 커피가 있다. 무역 항로가 바뀌면서 사라진 그 커피를 위해 사람들은 일부러 발효의 힘을 빌려 생산한다. 바로 몬순 커피다.

1665년 어느 순례의 달에 이슬람 제1의 성전 메카는 발 디딜 틈 없는 인파로 북적이고 있었다. 그도 그럴 것이 이슬람 신도는 살아가는 동안 다섯 가지 의무를 짊어지는데, 그중 메카로 순례하는 것은 다섯 번째 의무다. 그들은 매일 메카를 향해 5번씩 기도를 올리며 카바Kabba 신전을 참배하는 이날을 기다렸을 것이다.

인도-무슬림이자 학자인 바바 부단Baba Budan도 순례의 날을 학수고대하며 교역로를 따라 머나먼 여행을 거쳐 메카로 와서 순례 행렬에 참여했다. 아브라함의 첩 하갈이 이스마엘에게 물을 구해 주기 위해 일곱 번을 왔다 갔다 한 것을 떠올리며 순례의 법도대로 카바 성전을 일곱 번 돌고 카바 동쪽의 벽에 박혀 있는 '검붉은 돌'에 입을 맞춘 후 바바 부단은 잠잠 우물로 향했다.

잠잠 우물물을 마신 그는 아마도 여러 상념에 빠졌을 것이다. 잠잠 우물물에 비유되는 성스러운 음료를 위해 그는 목숨 거는 각오를 했기 때문이다. 그가 목숨을 바쳐 원했던 성스러운 음료가 바로 커피다.

먹지도 않고 밤새 기도하는 수피들은 욕구를 없애 주는 커피를 성수처럼 마셨다. 커피의 각성 작용과 식욕을 억제하는 효용이 딱 들어맞았기 때문에 커피는 수피들에게 있어서 신앙생활을 돕는 음료였다. 게다가 검은 빛깔 원두는 카바 신전의 검은 돌을, 원두로 추출한 커피는 잠잠 우물물의 성수를 닮지 않았던가.

　　인도-무슬림이면서 수피였던 그에게 커피는 숙명과도 같았고 커피가 없는 고국으로 커피 씨앗을 가져가서 온 나라에 퍼트리는 것은 범죄이지만 성스러운 소명이었던 것이다. 하지만 당시 메카를 포함해서 커피를 교역하는 항구는 생육할 수 있는 커피가 국외로 빠져나가는 것을 철저히 금하고 발각 시에는 목숨까지 앗아 가는 중형을 내리던 터라 바바 부단의 심경은 더욱 복잡했을 것이다.

검붉은 돌
al-Hajar al-Aswad

메카의 카바 성전과 성스러운 검붉은 돌, 잠잠 우물

경작지에서 생두를 구하는 것은 어떻게든 할 수 있었다. 문제는 병사들이 지키는 국경에서의 몸수색이었다. 그래도 많은 사람들을 일일이 수색할 수는 없을 테고, 승려이니 옷까지 벗겨서 몸수색을 하지는 않을 터였다. 바바 부단은 먼저 어렵사리 생두를 구했다. 그리고 궁리 끝에 긴 면 조각을 구하고 생두 일곱 알을 셌다. 일곱 알은 메카에서 신성한 숫자이니 신이 나를 보호해 주시겠지 하고 생각했을 것이다. 웃옷을 벗고 구해 온 면 조각에 생두를 넣어 배에 둘러 묶었다. 그리고 다시 겉옷을 입었다. 감쪽같았다. 그렇게 바바 부단은 국경을 넘었고 자신의 고국 남인도의 마이소르Mysuru 왕국(현재 카르카타카주)으로 돌아왔다.

바바 부단은 몇 번의 순례 길을 다녀오며
커피 농사를 눈여겨본 덕분에 커피가 고원에서 잘
자란다는 것을 알고 있었다. 그는 해발 1800여 미터의
찬드라기리Chandragiri(찬드라언덕)에 가지고 온 생두를 심었다.
얼마 지나지 않아 커피나무가 찬드라기리를 덮었고 후에 인도
남부 말라바르 지역까지 퍼져 1670년부터 인도는 본격적으로
커피를 생산하기 시작한다. 후에 바바 부단의 성스러운 행동을
찬양한 이들은 찬드라기리의 이름을 바바 부단 기리(바바부단
언덕)로 바꾸었다.

말라바르Malabar까지 퍼진 인도의 커피는 1670년부터
유럽에 수출되기 시작한다. 말라바르 해안에서 출발한 목선은
아프리카 최남단을 돌아 유럽에 도착하기까지 6개월이 걸렸다.
그런데 길고 긴 항해 때문에 한 가지 문제가 생긴다. 배의
화물칸이 적도의 해풍을 만나 습하게 되면서 생두가 자연
발효된 것이다. 이렇게 목선 안에서 발효되어 유럽에 도착한
인도산 커피는 굉장히 독특한 향미를 품게 된다. 꿉꿉한
곰팡내가 나면서 약간 톡 쏘는 듯한 독특함을 유럽인들은
사랑했다. 그들에게 인도산 커피는 동양의 이국적인 향과
해풍을 담은 것 같은 느낌으로 다가온 것이다.

이후 수에즈 운하 개통으로 유럽 수출 항로의 거리가
단축되고 빠른 증기선이 도입되어 더 이상 이 독특한 커피의
맛을 볼 수 없던 유럽인들은 이 커피의 향수를 잊지 못해
계속해서 요청을 했고, 인도 커피 농장은 이에 화답하여 커피
생두를 인도의 남서 계절풍 몬순Monsoon에 의도적으로 노출시켜
숙성한 생두를 수출했다. 이 커피가 바로 몬순 커피다.

생두를 펼쳐서 말릴 때 일부러 습기에 노출시키고 삼베
자루에 담아 두면 6주 정도 후에 몬순 바람과 습기에 의해
누렇게 변하고 부피가 팽창되어 산도(acidity)가 줄어들어
세계에서 산도가 가장 적은 몬순 커피가 탄생한다. 인도 남부
말라바르는 현재도 몬순 커피를 가공하고 있다.

몬순 커피와 비슷한 탄생의 역사를 가진 홍차는 중국에서
배에 싣고 유럽으로 가던 녹차가 적도의 뜨거운 태양열을
받아 발효되어 만들어졌다는 설이 있다. 발효라는 공통된
특성 때문인지 북인도에선 짜이(홍차)가, 남인도에선 커피가
사람들의 생활 속 깊숙이 녹아들어 있다.

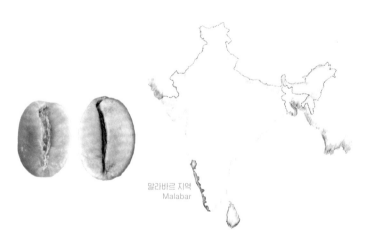

말라바르 지역
Malabar

일반 생두(좌)와 몬순 커피 생두(우) 비교 / 인도 말라바르 지역

각종 더치 커피 기구들

바바 부단이 목숨을 걸고 가지고 들어온 생두는 놀라운 생명력으로 인도 남부 지역으로 퍼져 갔다. 바바 부단이 가지고 온 커피 씨앗은 에티오피아 원종이 예멘으로 건너와 토속종이 된 예멘 종 생두였지만 테루아르가 다른 인도의 땅에서 또 다른 종으로 길들여지고 있었다. 커피 성인의 성스러운 범죄로 얻어진 인도의 커피 씨앗이 마르티니크로 건너가 중남미의 티피카Typica종으로 거듭나기 위한 꽃을 피우고 있었던 것이다.

커피를 추출하는 과정에서 발효가 되는 커피도 있다. 차가운 발효(숙성)에 의해 맛이 더해진 더치 커피는 네덜란드 동인도 회사의 무역에 의해 이루어졌다는 설이 있지만 이 이야기에 역사적 근거는 남아 있지 않다. 17세기 일본 나가사키에 진출한 동인도 회사의 상인들이 커피를 찬물에 10시간 이상 추출해 마시는 것을 본 일본 사람들에 의해 부활한 커피가 더치 커피(교토 커피)다. 동인도 회사의 상인들은 배에서 불을 사용하거나 뜨거운 물을 사용하기가 쉽지 않았다고 한다. 오랜 항해 동안 커피를 마시려면 찬물로 내려야 하는 방법밖에 없었기에 만들어진 방법이다. 그런데 이 더치 커피조차도 일정 기간 숙성을 거치면 와인의 풍미가 나는 커피가 된다. 어쩌면 발효는 환경과 사람들의 창의에 의해 만들어진 의도적 방법이었을지도 모른다는 생각이 든다.

북대서양
North Atlantic Ocean

네덜란드
Netherland

프랑스
France

아르티니크
Martinique

남대서양
South Atlantic Ocean

세인트헬레나
Saint Helena

티피카의 이동 경로

커피 오리진

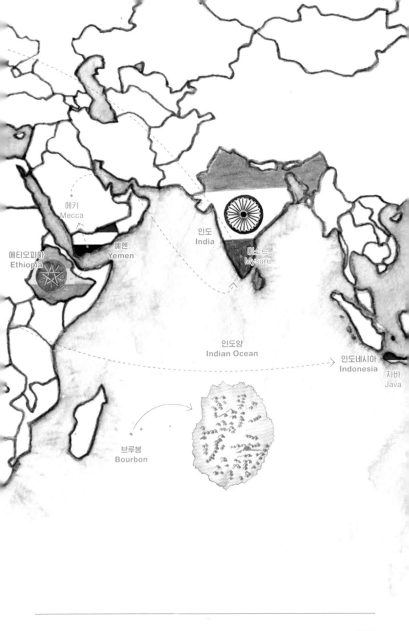

메카
Mecca

예멘
Yemen

에티오피아
Ethiopia

인도
India

마이소르
Mysuru

인도양
Indian Ocean

인도네시아
Indonesia

자바
Java

브루봉
Bourbon

커피들의 전쟁

·

컵 오브 엑설런스

항상 최고의 것을 찾아 나서는 사람들의 의지는 예나 지금이나 변함이 없다. 분명 어딘가에서 최고의 커피를 생산할 수 있다고 생각한 프랑스 사람들은 거친 바다를 뚫고 3차 원정까지 가면서 결국에는 부르봉 품종을 만들어 냈고, 아라비카가 병충해 때문에 고전을 면치 못하자 병충해에 강한 로부스타를 찾아내기도 했다. 물론 로부스타는 맛에서는 아라비카를 따라올 수 없었지만 적어도 내병성이 강한 종을 찾았으니 목적한 바는 이룬 것이다.

전 세계 커피 농장에 대한 정보가 갖추어져 있음에도 더 맛있는 것을 찾기 위한 여정은 끝나지 않았고 앞으로도 끝나지 않을 것으로 보인다.

무언가를 찾는 것은 길을 찾는 것과 유사하다. 처음엔 큰길을 따라 걷다가 작은 길을 지나 골목길로 접어들면

목적지가 가까워지듯이 커피를 찾아온 여정도 비슷하다. 맛있는 커피를 찾는 사람들은 처음엔 국가 단위로 커피를 찾았고 다음은 지역 단위로 찾았다. 지역 단위로 찾은 커피는 원두의 이름에도 나온다. '에티오피아 예가체프'에서 '에티오피아'는 국가 이름이고 '예가체프'는 지역의 이름이다. 이름을 해석하자면 '에티오피아란 국가에서 맛있는 커피의 산지를 찾았는데 그 지역이 예가체프'인 것이다.

산지에서는 곳곳에 있는 농장이나 자생하는 것을 수확하는 지역민의 생두를 모두 모아 협동조합 형태 혹은 국가가 나서서 조직을 만들고 판매했다. 그러다 보니 품질이 좋은 것과 그렇지 않은 것이 섞이기도 하고 지역에 재해가 발생하면 품질이 나락으로 떨어져 상품 가치가 없어지곤 했다. 지역 어딘가에도 최고 품질의 커피가 있을 것이라 생각한 사람들은 '커피 헌터'라는 이름으로 산지 곳곳을 누비며 생육 상태를 눈으로 직접 확인하러 나서기도 했다.

1994년 국제 무역 센터(ITC)의 파블로 뒤부와Pablo Dubois는 최상급의 커피를 찾는 사람들과 수확하는 사람들을 연결시킬 방법을 고안해 낸다. 그가 고안해 낸 방법은 여러 농장의 커피를 모아 평가를 하고 순위를 매기면 구매자들이 순위별로 경매를 통해 생두를 낙점하는 방식이다. '컵 오브 엑설런스(COE; Cup of Excellence competition)'는 1999년 브라질에서 시작되어 현재까지 브라질, 콜롬비아, 코스타리카, 니카라과, 과테말라, 멕시코, 페루, 엘살바도르 등 남미 국가와 르완다, 부룬디 등 아프리카 국가가 참여하고 있다. 비영리 단체인 ACE(Alliance for Coffee Excellence)가 개최한다.

컵 오브 엑설런스는 3단계 여섯 번의 심사를 거쳐 평가되며 86점 이상의 점수를 유지해야만 탈락되지 않는다. 스페셜티 커피가 80점 이상의 원두를 대상으로 하니 어찌 보면 컵 오브 엑설런스는 스페셜티 커피들의 전쟁이다.

해당 국가의 농장들은 열심히 수확한 최상급 품질의 생두를 협회로 보낸다. 각 농장에서 보내온 생두는 협회 내부 전문 커퍼가 1단계 사전 선택(Pre-selection)에서 300개 샘플만 선정한다. 선정한 샘플 중 2단계 자국 심사(National Jury)에서 150개를 선정하고 다시 90개 샘플로 추린다. 3단계 국제 심사(International Jury)부터는 국제 심사위원단이 평가를 진행한다. 국제 심사위원단은 전 세계에서 선발된 커퍼들이 맡는다.

커퍼Cupper는 쉽게 말하면 커피 감별사다. 원산지의 환경과 재배 방식 등을 완벽하게 이해하고 커피의 향미를 평가하는 자격을 갖춘 사람들이다. 커퍼들이 평가하는 방식은 선정된 생두 샘플의 향기를 맡는 스니핑Sniffing으로 시작한다. 다음은 샘플로 로스팅한 원두를 분쇄해 그릇에 담은 다음 끓는 물을 붓고 기다렸다가 일정 시간이 되면 스푼으로 위에 떠 있는 원두 가루를 밀어내고 스푼으로 커피를 살짝 떠 신속하게 후룩 하고 마신다. 이 과정을 슬러핑Slurping이라 한다. 이때 아로마Aroma, 플레이버Flavor, 클린컵Clean cup, 단맛(Sweet), 산미, 바디감(Mouth feel), 애프터 테이스트After taste와 밸런스Balance 등의 항목들을 측정해서 평가표에 기록한다.

커퍼들이 평가를 하는 동안 평가장 안 여기저기가 슬러핑 소리로 가득하다. 스니핑과 슬러핑으로 평가를 마친 평가자들은 자신의 평가표에 점수를 적고 제출한다. 세 번의 평가를 거친 90개의 샘플 중 최대 40개를 선정하면 4차에 걸친 샘플의 스크리닝은 종결된다. 5차 평가에서 받은 점수가 86점 이상인 원두는 COE로 선정된다. 40개의 샘플이 모두 COE가 될 수도 있고 모두 안 될 수도 있다. 점수의 기준선에서 밑도는 샘플은 무조건 탈락한다. 마지막 6차에선 5차에서 COE로 선정된 원두를 대상으로 평가를 다시 한다. 이때 1–10위가 최종 결정이 된다.

평가를 마친 COE들은 샘플을 신청한 사람들에게 보내진다. 6주 정도 후에 COE는 온라인에서 경매를 통해 판매된다. ACE 홈페이지에서는 COE를 생산한 농장들의 정보를 볼 수 있다.

컵 오브 엑설런스 경합에서는 여러 가지 뜻깊은 일들이 일어난다. 구매자 입장에서는 국제적인 커퍼의 객관적인 평가를 받아 우수한 품질을 의심하지 않아도 된다는 점과 커피를 생산하는 농장까지 가서 살펴보지 않아도 품질 좋은 커피를 구매할 수 있다는 점이다.

커피 농장을 운영하는 농장주 입장에서는 품질 좋은 원두의 가치를 제대로 인정받을 수 있고 농장에 대한 평가도 규모와 상관없이 정당하게 평가받을 수 있다. 품질 좋은 커피를 생산하기 위해 최선을 다하는 계기가 된다는 점에서 긍정적이다.

규모의 경제를 기반으로 성장한 커피 농장들은 큰 규모의 커피 플랜트가 신뢰의 척도였고 좋은 브랜드처럼 여겨졌지만 커피를 찾는 입맛이 정교해질수록 커피의 재배도

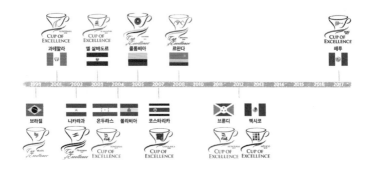

국가별 컵 오브 엑셀런스 개최 연도

국제 커퍼들의 평가(출처:컵 오브 엑셀런스 공식 사이트)

정교해질 수밖에 없었다. 큰 규모의 농장들은 가장 환경이 좋은 일부 구역을 선별해 품질 좋은 커피를 수확할 수 있도록 따로 관리하거나, 부모님에게 물려받아 작은 규모의 농장을 운영하는 사람들도 좋은 환경을 만들기에 앞장섰다.

컵 오브 엑설런스와 함께 특정 농장의 단종(Single Origin)이 부각되고 있는 몇 가지 이유가 있다. 첫째, 블렌드 원두의 가치가 저하되고 있다. 여러 단종을 섞어 만든 블렌드는 입맛에 맞고 카페만의 독특한 맛을 내기 위한 목적으로 만들어졌지만 현재는 매출을 위한 목적으로 블렌드가 만들어지고 있어 저렴한 커피라는 인식이 확산되고 있다. 둘째, 단종만으로는 완벽하지 못했던 예전과 달리 생육 환경이 좋아지고 재배 방식이 발전함에 따라 단종만으로도 훌륭한 맛을 내는 원두가 COE나 커피 헌터에 의해 발굴되고 있다. 셋째, 제3의 물결에서 말하듯이 커피의 맛을 찾는 이들이 늘어남에 따라 블렌드보다는 자신 입맛에 맞는 단종을 찾는 이들도 함께 늘어나고 있기 때문이다.

최고의 맛을 찾기 위한 시선은 국가에서 지역으로, 지역에서 농장으로, 농장에서 더 작은 농장으로 향했다. 그에 따라 산지의 커피 농장의 진화도 매크로에서 마이크로로 가속화되고 있다.

작은 지역 큰 정성으로 자란 커피

·

마이크로 랏

스타벅스와 같은 프랜차이즈 카페에서 커피 음료를 주문하는 것은 일상이 됐고 자신만의 인생 음료를 가지고 있는 사람도 적지 않다. 커피는 이제 사람들의 일상이고 삶이 된 지 오래다.

사람들은 음료뿐만 아니라 원두에도 관심을 갖는다. 홈 카페, 홈 브루잉 등을 통해 가정에서 커피를 즐기는 사람들도 늘어났다. 그래서 각 프랜차이즈가 파는 원두의 이름은 웬만큼 커피를 즐기는 이라면 익숙하다. 과테말라 안티구아, 에티오피아 예가체프, 케냐 AA 등은 그런 이들에게 익숙한 이름의 원두일 것이다. 이 원두의 이름이 의미하는 바는 '과테말라의 안티구아 지역의 원두', '에티오피아의 예가체프 지역의 원두', '케냐의 가장 큰 크기의 원두' 등이다. 이런 이름들에 익숙해질 때 갑자기 낯설고 복잡한 이름의 원두들이 등장하기 시작한다. '과테말라 핀카 엘 소코로', '에티오피아비타팜', '케냐 바리추' 등 같은 나라에 다른 이름의 원두들이 수도 없이 쏟아지고 있다. 하지만, 복잡한 이름들에도 어느 정도 규칙이 존재한다. 앞의 두 원두는 농장의 이름, 마지막 원두는 협동조합의 이름이다. 상품이 된 원두는 커피 산지에서 재배해서 수확하는 방식에 따라 그 이름을 갖게 된다.

단일 국가 혹은 지역(Single country or region)은 단일 국가 혹은 특정 지역에서 오는 커피를 말한다. 이 원두들은 국가별로 혹은 국가의 특정 지역별로 특이성과 품질을 표현할 수 있다. 과테말라 안티구아, 에티오피아 예가체프 등이 이에 해당한다. 이 경우 범위가 넓을수록 흩어져 있는 커피를 모으는 과정에서 서로 뒤섞이며 품질과 맛 등 전체 품질이 떨어질 수 있는 위험성이 있다. 실제로 품질이 떨어지는 문제가 발생한다 하더라도 워낙 광범위하고 다양한 생두들을 집산했기 때문에 어떤 생두가 문제인지 추적이 불가능하다.

단일 농장 혹은 단지(Single farm/estate)는 단일 농장에서 공급되는 커피로 특유의 향미를 가진 고품질 커피일 경우 가격이 고가에 책정된다. '과테말라 핀카 엘 소코로'가 여기에 해당한다.

단일 협동조합(Single cooperative)은 단일 농장으로는 부족한 수확량 때문에 만들어진 방식이다. 아프리카의 경우 소량으로 생산하는 농가가 많다. 다수의 농가가 모여 모든 커피를 함께 처리할 수 있도록 만들어진 방식으로 '케냐 바리추'가 이에 해당한다.

수확하고 생산하는 방식이 지역과 환경에 따라 효율적인 방법으로 운영되었던 것에 반해 마이크로 랏Micro lot은 약간

다른 방향성을 가지고 있다. 마이크로 랏은 농장이나 야생
지역 등지에서 별도의 구획을 두고 특별한 방식으로 재배하고
관리해 생산한 생두를 말한다. 즉 마이크로 랏의 기준은
품질을 향하고 있다. 예를 들어 '과테말라 핀카 엘 소코로'는
과테말라에 있는 엘 소코로 농장에서 수확한 원두를
의미하기도 하지만, 이 농장은 7개의 특별한 구획에 7가지
품종을 집중해서 관리하는 방식을 취하고 있다. '과테말라
핀카 엘 소코로 레드 부르봉'은 이 구획 중 '레드 부르봉종'을
집중적으로 관리해서 수확한다. 이 외에도 6품종이 더 있다는
의미다.

과테말라 핀카 엘 소코로 품종 테이스팅 세트

아주 작은 랏 규모로 특정한 품종을 집중 관리하고 농사를 지어 수확하면 비용과 정성이 배가 들지만 품질도 배가된다. 이런 방식으로 수확하는 생두를 마이크로 랏이라 한다.

마이크로 랏이 가지고 있는 특장점은 공급자는 진정성을 가지고 수확을 하고 구매자와 최종 소비자는 공급자의 세밀한 정보로 신뢰를 가질 수 있다는 점이다. 특정 품종을 관리하는 마이크로 랏은 가지고 있는 특징과 장점이 명확하기 때문에 설명에 대한 정보 제공이 용이하다.

마이크로 랏은 규모가 작은 양질의 토양의 구획에서 재배하기 때문에 독특하고 유일한 특성이 존재한다. 더불어 품질과 풍미까지 갖추어진다면 수확된 생두는 독특한 특성으로 차별화된 상품이 된다. 이른바 '마이크로 랏 스페셜티 커피'가 된다. 아주 작은 규모로 재배, 수확, 생산하기 때문에 다른 것과 섞이지 않는 것도 품질의 일관성을 지키는 요소다.

마이크로 랏은 이미 특별 관리를 위한 조건이 갖추어진 곳을 선정하고 수확하기 때문에 일반적으로 품질이 좋은 생두가 수확된다. 구역이 넓지 않아 수확량도 많지 않으니 비용 증가는 불가분의 일이다. 그렇기 때문에 분석하고 개선해 품질 향상을 이루어야만 적정한 가격에 따른 매출로 수익을 내며 지속적으로 마이크로 랏 유지가 가능하다.

재미난 점은 이런 특징들이 최종 소비자의 커피에 대한 인식 변화에 따라 만들어진 것처럼 보인다는 것이다. 지금의 소비자는 대량으로 저렴하게 구매하지 않는다. 가능하면 신선하고 맛있는 원두를 소량 구매해서 신선도가 유지되는 기간 안에 맛있게 마시는 추세다. 커피를 각별히 사랑하는 소비자일수록 여러 지역의 다품종을 소량으로 구매해 마시는 음용 습관을 가지고 있다. 이런 음용 습관을 가진 사람일수록 산지뿐만 아니라 농부에 대한 정보도 얻고 싶어 한다. 산지에 대한 정보는 마시는 커피의 테루아르를 느끼고 싶어서이기도 하고 농부에 대한 정보를 보며 신뢰할 수 있는지 알기 위해서이기도 하다.

맛있는 커피를 즐기는 사람들을 위해 우수한 커피 농장을 찾는 사람들은 마치 여행자와 유사한 행보로 커피를 찾아다니고 있다. 국가에서 도시 단위 지역으로 커피 찾는 여정을 마친 사람들은 다시 농장 단위로, 농장 안에서도 특별히 관리되는 랏 단위로 여정을 이어 간다. 이들에 의해 발굴된 희귀하고 품질 좋은 커피는 수확하는 농부와 대량으로 사들이는 상인들이 치르는 유통 비용을 포함한 합리적이고 공정한 가격을 받을 수 있기에 마이크로 랏의 수확은 더 확산될 조짐이다.

커피를 즐기는 사람으로서 이런 조짐은 즐거울 따름이다. 훌륭한 원두를 비싼 값을 주고 구매한 로스터나 바리스타는 더욱 정성을 다해 커피를 만들 것이고 좋은 커피를 위한 시스템이 갖추어질 것이기 때문이다.

커피 농가에서 시작되어 최종 소비자에 이르기까지 맛으로 향한 변화는 세계적인 추세이고 이는 하나의 변화의 물결이 되어 번지고 있다. 커피업계의 '제3의 물결'이 바로 그것이다.

맛있는 커피의 물결
·
제3의 물결

1783년 9월 3일 미합중국이 탄생한 이후 크고 작은 전란들이 발생한다. 인디언과의 전쟁, 내부 반란의 진압, 외부 강국으로부터의 보호를 위해 신생 국가에 군은 절대적으로 필요했다. 이 군사들에게 절대적으로 필요한 것도 있었다. 1800년대부터 미 육군 군수부 '군용 커피'라는 자료에서 '군사적으로 유용한 커피'를 개발했다는 기록이 있다.

　'군용 커피'를 개발할 때 염두에 두었던 것은 가볍고, 장기 보관이 가능하며, 먹기에 간편해야 한다는 것이었다. 그리고 그들이 1853년 개발해 낸 것은 'cakes'라 불린 최초의 인스턴트커피였고 1862년 이를 군용 커피로 승인한다. 'cakes'는 커피를 농축해서 만든 고체 덩어리 형태였고 필요할 때 찬물에 녹여도 마시고 물이 없어도 씹어서 먹을 수 있도록 만들어졌다. 마치 그 옛날의 오로모족이 씹었던 것처럼.

최초로 대중화한 인스턴트커피도 군과 밀접한
관계를 맺게 된다. 조지 워싱턴(George Constant Louis
Washington)이란 벨기에인은 과테말라에서 살고 있었다.
그곳에서 은으로 만든 커피포트로 커피가 만들어진 후
수증기가 뿜어진 자리에 커피 결정체가 생기는 것을 보고
여기에 착안하여 물에 녹는 커피 가루를 만드는 방법을
1906년에 고안한다. 이후 미국 뉴욕으로 이민 온 그는
G. Washington이란 회사를 만들어 G. Washington's Refined
Coffee라는 제품을 출시한다.

조지 워싱턴 인스턴트커피와 뉴욕 트리분 광고(New York Tribune, June 22, 1919.)

이 커피가 세상에 널리 알려지게 된 건 생산된 제품 전량이 제1차 세계대전에 참전 중이던 미 육군에 납품된 1918년부터였다.

어느 병사의 기록을 보면 작은 석유 히터에 불을 켜서 조지 워싱턴 커피를 타 마시는 건 전쟁의 어려움 속에서도 행복감을 느끼는 것이라 적혀 있다. 긴장과 공포감 속에서 물만 부으면 녹아 기운을 차릴 커피 한 잔. 뿐만 아니라 그 한 잔의 커피가 모든 군인에게 행복감을 주었던지 전쟁에 참여한 군인들은 커피 한 잔이라 하지 않고 '조지 한 잔'이라고 했다 한다.

인스턴트커피는 저렴한 가격과 이미 만들어져 물에 녹이기만 하는 편의성에 힘입어 미국 커피업계 역사상 커다란 획을 긋는다. 이후로 커피 소비가 기하급수적으로 증가했던 이 시기를 커피업계의 제1의 물결이라 한다. 저렴한 가격, 편의성은 소비의 증가로 이어져 대량 생산까지 더해지면서 커피의 맛과 품질을 떨어트린다는 냉담한 여론은 항상 잠재해 있었다. 일상에서 인스턴트커피를 음용하고 있었지만 마음은 아라비카 커피가 만들어 내는 훌륭한 아로마를 향하고 있었다. 미국 내 일부 가정에서는 원두를 파는 점포에서 인스턴트커피보다 비싼 원두를 구매해서 귀찮더라도 직접 커피를 내려 마시기도 했다.

1971년 친구들이자 사업 파트너였던 제리 볼드윈Jerry Baldwin, 지브 시글Zev Siegl, 고든 보우커Gordon Barker 등은 소설 《모비딕》에 등장하는 1등 항해사의 이름 '스타벅스'를 브랜드명으로 한 원두 회사를 설립한다. 스타벅스는 방금

로스팅된 원두에서 만들어지는 신선한 커피에 대한 열정이
있었다. 언제 생산되고 어느 창고에서 어떤 상태인지도
모른 채 적재되어 있다가 제조된 인스턴트커피의 맛없음에
환멸을 느낀 고객들에게는 반가운 창구가 생긴 셈이었다.
맛있는 커피에 갈망하던 이들은 스타벅스와 같은 원두 판매
점포로 향했다. 과거의 결핍이 현재의 원동력이 된 것이다.

　　1987년 하워드 슐츠가 스타벅스를 인수하고 이탈리아의
카페 낭만과 제3의 공간 개념을 도입해 재탄생시킨다.
스타벅스의 성공은 커피업계의 제2의 물결에서 핵심이
된다. 원두 판매를 기반으로 태어난 스타벅스는 커피 문화에
대한 경험을 더했다. 미국뿐만 아니라 전 세계적으로 카페
브랜드들이 생겨났고 퍼져 갔다. 이때 생긴 카페 브랜드들도
대부분 공간에서 얻어지는 경험에 초점을 맞추고
확산되었다. 그러다 보니 정말로 중요한 원두의 품질과
커피 음료의 맛은 간과되고 공장에서 찍어내듯 제조하거나
추출해서 서비스됐다. 더 맛있는 커피를 제공할 수 있는
방법이 있음에도 수익을 위해 묻어 두기만 했다. 카페
브랜드들은 많은 이득을 올리며 거대한 브랜드로 성장했고
이들의 성공해 고무된 작은 카페들도 같은 방식을 답습하며
늘어 갔다. 더불어 커피 맛에 불만을 가진 소비자들도 점차
늘어났다. 각자의 집에서 카페보다 맛있는 커피를 마시기
위해 품질이 좋은 원두와 더 좋은 추출 도구를 구해 홈
브루잉Home Brewing을 하는 이들도 증가했다. 이런 추세 속에서
제2의 물결에 잠재된 불만에 대항하는 소규모 카페 브랜드가
속속 문을 열며 새로운 싹을 틔워 가기 시작한다.

1995년 시카고 레이크 뷰에서 오픈한 인텔리젠시아 커피Intelligentsia Coffee & Tea는 품질 좋은 생두를 생산하는 농가를 찾아 직거래(Direct Trade)하거나 커피가 수확되었을 때의 선도를 유지한 채 제공되는 인 시즌in Season 커피를 통해 우수한 품질의 신선한 원두를 확보하겠다는 정책을 펼쳐 나갔다. 1999년 포틀랜드에서 문을 연 스텀타운 커피Stumptown coffee는 설립자 듀안 소렌슨Duand Sorenson이 스페셜티 커피 사업을 위한 로스팅과 도매, 소매를 맨손으로 일구어 냈다. 스텀타운은 도매로 원두를 제공할 때 제공된 스페셜티 커피를 제대로 구현할 수 있는지 꼼꼼히 따져 업체를 결정했다. 앞서 언급한 블루보틀 커피 회사Blue Bottle Coffee Company는 2002년에 오픈해 최고 품질의 원두로 몇 가지 음료만 메뉴로 선정해 최고의 실력을 갖춘 바리스타가 맛있는 커피를 제공한다. 지금까지 소개한 회사들을 제3의 물결을 이끄는 3대 브랜드라 일컫는다.

제3의 물결은 재배부터 커피 한 잔에 담길 때까지(from seed to cup) 장인의 기술로 정성을 다하는 것이 핵심이다. 커피로 생겨난 커피 산업에서 비로소 커피가 주인공이 되는 것이 제3의 물결이다.

작고 강한 브랜드들의 활약을 스타벅스가 그냥 지켜보고 있지만은 않았다. 스타벅스 리저브는 각국 마이크로 랏이나 소규모 협동조합의 맛있는 생두를 선별해 수입하고 우수한 원두를 판매하며 스타벅스 리저브 로스터리는 로스팅 시설을 갖춘 카페까지 론칭했다. 체험을 위한 공간의 인테리어도 놓치지 않았다.

핸드 드립 커피

제1, 2의 물결로 성장한 커피 산업은 제3의 물결을 맞이하여 성장이 아닌 진화를 하고 있다. 이는 커피를 마시는 사람들, 커피로 사유하는 사람들이 진화하고 있다는 방증 아니겠는가. 앞으로 이어질 제4의 물결에서는 어떤 변화와 진화가 있을지 기대된다.

에필로그

이 책은 커피의 정사正史를 다룬 역사서나 생물학적 기원을
밝히는 과학서가 아니다. 내 주장을 뒷받침하기 위해 사용한
사료에는 옛사람들이 입에서 입으로 전하던 이야기도
있고, 어떤 이가 일기로 남긴 기록도 있다. 자칫 주변부의
이야기를 채집한 것으로 비칠지도 모르겠지만, 사실 커피의
역사가 그렇다. 그 시대 사람들의 독창적인 생각이 카페라는
공간의 개념과 커피 문화를 만들어 냈다. 뚜렷한 주관을 가진
사람들끼리 커피 한 잔을 마시며 신분과 나이에 무관하게
격의 없는 대화로 다채로운 창의創意가 탄생했다. 커피는
자연이 기원이지만 커피 문화는 사람에 의해 만들어졌기에
커피의 기원을 말하는 일은 커피를 품은 자연뿐만 아니라,
커피와 어우러진 사람들의 삶을 말하는 일과 같다.

    지금 내 삶 역시 그때 그들과 크게 다르지 않다. 아침

7시에 문을 열고 저녁 11시에 문을 닫을 때까지 적지 않은 사람들이 커피를 마시기 위해 내 카페를 찾는다. 나는 주문한 커피를 받아 들고 첫 모금을 마시는 손님의 표정에 주목한다. 그 표정이 커피의 맛을 알려 주기 때문이다. 만족스러운 맛이라면 그들의 입가엔 엷은 미소가 번진다. 어떤 손님은 눈이 커지면서 커피 잔을 한 번 바라보곤 이내 한 모금을 더 마신다. 이때가 카페를 운영하면서 가장 희열을 느끼는 순간이다. 맛있는 커피가 마시는 이의 기분을 좋아지게 만들었으니, 그들은 분명 하루를 거뜬히 살아 낼 수 있을 것이고 더 좋은 세상을 위해 나아갈 것이기 때문이다.

　기분이 좋지 않을 때가 있다면 가까운 카페를 찾아 가장 좋아하는 커피 한 잔을 마셔 보기를 권한다. 달달한 커피도 상관없다. 살이 좀 찐다 한들 세상에서 제일 맛있는 커피 한 잔으로 즐거운 마음을 갖는다면 그게 뭐 대수겠는가.

커피 오리진 커피에 의지해 살아간 역사

발행일	2019년 9월 20일 초판 1쇄
지은이	비오
편집	이연대
디자인	강경탁 (a-g-k.kr)
교정·교열	이연대
기획·출판	매거진 «B»
제작지원	브런치
ISBN	979-11-6036-084-4 03070

Printed in Korea
©Magazine B, 2019

매거진 «B»
서울시 용산구 대사관로 11길 47 (한남동)
02-540-7435
http://magazine-b.com
info@magazine-b.com

«커피 오리진: 커피에 의지해 살아간 역사»는
제6회 브런치북 프로젝트의
대상 수상작입니다.